May Ayim

Grenzenlos und unverschämt

AF639826

UNRAST

May Ayim in Belo Horizonte, Brasilien 1990 © D. Schultz

May Ayim

Grenzenlos und unverschämt

Mit einem aktuellen Vorwort von Josephine Apraku
und einem biografischen Essay von Silke Mertins

UNRAST

Bibliografische Information der Deutschen Bibliothek:
Die Deutsche Bibliothek verzeichnet diese Publikation in der Deutschen Nationalbibliografie; detaillierte bibliografische Daten sind im Internet über http://dnb.de abrufbar.

May Ayim
Grenzenlos und unverschämt
2. Auflage, Oktober 2022
ISBN: 978-3-89771-286-7

Zuerst veröffentlicht 1997 im Orlanda Frauenverlag GmbH, Berlin

© UNRAST Verlag, Münster 2021
www.unrast-verlag.de | kontakt@unrast-verlag.de
Mitglied in der assoziation Linker Verlage (aLiVe)

Umschlag: Patricia Ann Elcock, Berlin
Satz: Andreas Hollender, Köln
Druck: Multiprint, Kostinbrod

Leider war es uns nicht möglich, alle Fotograf_innen der in diesem Buch abgebildeten Fotos zu ermitteln. Sollten Sie hierfür Hinweise haben, melden Sie sich bitte beim Verlag.

Inhalt

Vorwort

Ich schreibe diese Zeilen am 3. Mai 2021, dem Geburtstag von May Ayim – es hätte der 61. werden können, werden sollen. Der Tag ist zwiespältig: Zärtliches Frühlingsgrün an einigen Zweigen, an anderen lustvolle fast angeberische Blüten. Es ist insgesamt ein ungewöhnlich kühler Frühling. Damit meine ich nicht nur das Wetter, sondern auch die Stimmung nach mehr als einem Jahr Pandemie: Wie ein Brennglas offenbarte dieses Jahr einmal mehr die vielen Formen der sozialen Ungleichheit in unserer Gesellschaft mit all ihrer Entmenschlichung.

An diesem trüben Tag gleicht es einer Heimkehr, den Band *Grenzenlos und unverschämt* aufzuschlagen. Ruhe kehrt ein. Ich darf ankommen und die Rüstung, die ich als Schwarzer Mensch in Deutschland tragen muss, wie das routinierte Ausblenden *weißer* Blicke, die meinen Körper durchbohren, ablegen und weich werden. In diesem Moment des Loslassens entspinnt sich eine Unterhaltung zwischen May und mir. In »Eine der anderen« berichtet sie mir von ihrer Reise nach Ghana im Jahr 1986 – meinem Geburtsjahr. Sie beschreibt darin die beständige Heimatlosigkeit hier wie da, die mich auch heute mal mehr, mal weniger begleitet.

In den sozialen Medien sehe ich heute Menschen, die an May Ayim und ihre wichtige Arbeit erinnern. Einige posten Videos von ihr, in denen sie Gedichte vorträgt, andere teilen Zitate aus ihren Veröffentlichungen. Wieder andere bedanken sich für die Arbeit, die sie für Gleichberechtigung und gegen Rassismus geleistet hat. Vielleicht erscheint mir das durch die Tristesse des gefühlt ewig währenden Lockdowns an Mays 61. Geburtstag bedeutsamer als in anderen Jahren: Die Schönheit des Kampfes, das lehrt mich die Präsenz von May, die bis in die Gegenwart reicht, ist Kollaboration, ist Gemeinsamkeit trotz und wegen unserer Unterschiede, ist Verbindung, die wir als Schwarze Menschen schaffen, wo unsere Gesellschaft keine will.

Was mich von der May Ayim, wie ich sie in *Grenzenlos und unverschämt* kennenlernen darf, trennt, ist die Zeit: Die Erfahrungen und Perspektiven, die hier zusammengetragen sind, sind die meinen und sie sind es auch nicht. Obwohl ich mich in dem Geschilderten wiederfinde, bemerke ich, dass Mays Erlebnisse auch in der Zeit verhaftet sind, in der sie sie dokumentiert. Und so befinde ich mich beim Lesen von »Weißer Stress und Schwarze Nerven – Stressfaktor Rassismus« in einem beständigen Zwiespalt aus »all das Grundlegende, dass sie aufzeigt, muss ich immer noch erklären« und »schön zu sehen, dass wir uns hinsichtlich sexismuskritischer Sprache weiterbewegt haben«. Der Stress, über den sie spricht, des sich ständig beweisen Müssens und doch nie gut genug zu sein, begleitet mich ständig.

Wenn ich, mit wem auch immer, über May Ayim spreche, verliere ich nur wenige Worte: bei denjenigen in meinem Leben, die sie persönlich kannten – besonders wenige Worte! Und es gibt diejenigen, die wie ich mit ihr aufgewachsen sind, ohne sie zu kennen, als wäre sie eine entfernt lebende Tante, die eine seltene, aber willkommene Besucherin ist – ebenfalls wenige Worte. Schwarze Menschen, insbesondere in Deutschland, aber auch darüber hinaus, werden von ihrer aktivistischen Arbeit berührt. Mays Arbeit ist meine, unsere Grundlage im Jetzt. Unsere Arbeit ist Ausgangs- und Anknüpfungspunkt für diejenigen, die nach uns kommen. Und so bleiben wir, wie May, auch wenn wir physisch nicht mehr sind.

May Ayim wurde 1960 geboren und entschied sich im August 1996, aus dem Leben zu gehen.

In der Zeit dazwischen führte sie wichtige Kämpfe, hinterließ Spuren und schuf bedeutende Werke, die bis heute nicht weniger aktuell sind als vor 30 Jahren.

Was ich aus dem Buch mitnehme? *Grenzenlos und unverschämt* – zu diesem Wortpaar habe ich eine innige Beziehung: Ich will grenzenlos und unverschämt bleiben in meiner Verbundenheit meinen Geschwistern gegenüber, in meinen Bündnissen gegen Diskriminierung. Und wann immer ich das gleichnamige Gedicht lese, weist May mir und allen, die diese Zeilen lesen, einen Weg in diese Zukunft.

Juni 2021, Josephine Apraku

Ein Brief aus Münster

1984 fand der »1. gemeinsame Kongress[1] *ausländischer und deutscher Frauen« in Frankfurt am Main statt. Mit der Ausgangsfrage »Sind wir uns denn so fremd?« versammelten sich um die tausend Frauen; aus Münster reiste damals auch eine junge Frau namens May Opitz an. Nach dem Kongress erhielten die Veranstalterinnen folgenden Brief von ihr.*

Liebe Frauen der Vorbereitungsgruppe,

das Resümee des Wochenendes in Frankfurt schreibe ich nicht nur für Euch, sondern in erster Linie für mich. Der Frauenkongress als Begegnung und Austausch mit deutschen und ausländischen Frauen ist für mich persönlich zu einem unvorhergesehenen Schlüsselerlebnis geworden: Viele Konflikte in mir sind schlagartig aufgebrochen, die ich bisher oft runterschluckte oder als persönliche Überempfindlichkeit individualisierte und verdrängte.

Zunächst fuhr ich mit ziemlich gemischten Gefühlen nach Frankfurt. Ich war noch nie auf einer Frauenveranstaltung gewesen, hatte mich nie besonders mit Feminismus auseinandergesetzt, auch das genaue Programm des Kongresses kannte ich nicht. Da ich in Münster keine Frauen gefunden hatte, die auch zum Kongress wollten, fuhr ich über die Mitfahrerzentrale, begleitet von der diffusen Angst, in der riesigen Stadt Frankfurt, in der ich noch nie gewesen war, zu stranden. Aber in Frankfurt angekommen, fand ich die Fachhochschule gleich und war unter Dutzenden von Frauen, die auch zum Kongress wollten.

Als ich eintrat, war ich über die große Anzahl Frauen total überrascht! Überall saßen, standen, aßen, sprachen Frauen. Es waren Hunderte! Eine unbeschreiblich bunte, freundliche Atmosphäre. Schlaf-

1 Für die Neuausgabe des Buches wurden die Texte an die neue deutsche Rechtschreibung angepasst und offensichtliche Orthografie- und Interpunktionsfehler stillschweigend korrigiert (Anmerkung des Unrast Verlags, 2021).

plätze wurden vermittelt, mehrsprachige Programme zum Ablauf des Kongresses verteilt, Essen und Trinken an Ständen angeboten. Obwohl ich zunächst niemanden kannte, fühlte ich mich sehr geborgen. Es war leicht, Kontakt zu bekommen.

Als eindrucksvoll erlebte ich die Begrüßung in mehreren Sprachen und die Eingangsreferate in ihrer Differenzierung und Selbstbetroffenheit. In jedem der Referate spiegelte sich auch ein Teil meiner eigenen Betroffenheit, Hoffnung und Hilflosigkeit wider. Ich hatte das Gefühl – obwohl ich das Programm noch nicht gelesen hatte und nur der Leitfrage gefolgt war –, hier richtig zu sein und unbewusst schon lange auf die Möglichkeit eines solchen Zusammentreffens gewartet zu haben.

Um das zu erklären, muss ich etwas über mich sagen. Ich bin in Deutschland geboren, mein Vater stammt aus Ghana, meine Mutter ist Deutsche. Zur Mutter bestehen keine Kontakte, mein Vater ist mir oberflächlich bekannt durch gelegentliche Briefe und eine zweimonatige, sehr konfliktträchtige persönliche Begegnung vor zwei Jahren.

Gleich nach der Geburt kam ich ins Säuglingsheim und nach 18 Monaten von dort als Pflegekind in eine deutsche Familie. Rückblickend erkenne ich für mich, dass die Geschichte in dieser Familie in einer Entwicklung gegenseitig wachsender Entfremdung bestand, die auf Unverständnis, mangelnder Aussprache, versteckter und offener Aggression beruht. Sie hat dazu geführt, dass ich nach meinem Schulabschluss 1979 zunächst drei Jahre gar keine Kontakte zu meinen Pflegeeltern und meinen Pflegegeschwistern hatte und Kontakte heute zwar gelegentlich wieder zustande kommen, aber nur sehr oberflächlich.

Diese Zerrissenheit zwischen Dazugehören und Nichtdazugehören zwischen mir und ›meiner‹ Pflegefamilie und mir und ›meiner‹ Familie in Afrika stellte sich für mich zudem auch dar als Widerspruch zwischen einer dunklen Hautfarbe und einem deutschen Pass.

Formalitäten und Äußerlichkeiten brauchten und dürften eigentlich keine Bedeutung haben. Was aber diese nur scheinbare Unvereinbarkeit von Hautfarbe und Nationalität für mich in meiner Identitätsfindung bedeutet, die ich in einer Gesellschaft aufgewachsen bin, in der auf äußerliche Auffälligkeiten so stark geachtet wird, das ist mir vor allem an diesem Wochenende ganz bewusst geworden: Meine Sozialisation war die eines ›deutschen‹ Mädchens inmitten einer deutschen Umwelt (in meiner Familie gab und gibt es keine Kontakte zu Ausländern). Ich habe einen deutschen Namen und ›genieße‹ mit meinem deutschen Pass die Privilegien einer Deutschen als ›Inländerin‹. Ich spreche keine afrikanische Sprache, war noch nie im Geburtsland meines Vaters, kurz, ich bin keine Ausländerin. Ich finde es überflüssig, mein ›Deutschsein‹ hervorzuheben.

Wenn ich aber, wie so oft, nach meiner Herkunft gefragt, sage: »Ich bin in Deutschland geboren und aufgewachsen ...«, wird das selten angenommen. Dann kommt oft: »Aber Sie sehen doch vollkommen ›anders‹ aus« oder »Wollen Sie nicht trotzdem irgendwann zurück in Ihre Heimat?«, »Das Blut kann man doch nicht verleugnen«, »Meinen Sie nicht, dass Sie in Ghana z.B. viel dringender gebraucht werden, in Deutschland gibt es ja schon so viele Arbeitslose?!« Oder ich muß mich mit Sprüchen auseinandersetzen wie: »Da können Sie aber stolz darauf sein, dass Sie in einer deutschen Familie groß geworden sind« und damit, dass z.B. die Bäckersfrau um die Ecke mit mir immer wieder »Ausländerdeutsch« spricht, obwohl ich mich mit ihr ganz gemäß den Grundsätzen deutscher Grammatik unterhalte.

Und doch, ich kann sie gut verstehen, und auch die anderen Leute mit ihren gutgemeinten Ratschlägen, Bewunderungen und Horrorvorstellungen, die mich fast alle gleichermaßen verletzen. Denn auch ich habe als Kind das Lied von den zehn kleinen N...lein gelernt. Auch ich mochte gerne ›N...küsse‹, auch wenn ich das Wort gehasst habe, weil mich andere Kinder oft so nannten. Auch ich habe das Spiel ›Wer hat Angst vorm schwarzen Mann‹ mitgespielt; und als, was nur einmal passiert ist, mein afrikanischer Vater zu Besuch kam, wäre ich am liebsten, wie es die anderen Kinder taten, auch weggerannt.

Ja, und auch ich benutze die deutsche Sprache mit ihren rassistischen Elementen, die oft gegen mich selbst gerichtet sind, zumeist unreflektiert.

Warum ich das nun alles über mich und dazu noch so persönlich geschrieben habe? Vielleicht, weil sich in der Arbeitsgruppe, an der ich während des Wochenendes teilgenommen habe, wieder zwei Gruppen gegenüberstanden, die Ausländerinnen den deutschen Frauen. Ich hatte vorher das Gefühl, dass ich nicht als selbstständige Frau akzeptiert wurde, vor allem, wenn ich immer wieder gefragt werde: »Fühlst du dich als Deutsche oder als Afrikanerin?« Diese Frage höre ich immer wieder von Deutschen und von Afrikanern, von Männern und Frauen, unabhängig von Bildungsstand und Nationalität. Ich möchte nicht immer gefragt werden: »Hast du einen weißen oder Schwarzen Freund?« Ich möchte von Dir, die Du mir begegnest oder begegnen könntest, nur danach beurteilt werden, was ich Dir mit meinem Frausein zum Ausdruck bringe, und nicht nach meiner Nationalität oder Hautfarbe.

Ich habe diesen Wunsch nicht allein. Das habe ich zum ersten Mal erfahren. Es gibt so viele, die in ihrer Identität unsicher sind, als Opfer von Rassismus und Ausländerfeindlichkeit, und die durch ihre Sonderbehandlung als Frau und Exotin zusätzlich behindert werden in der Entwicklung ihrer weiblichen Fähigkeiten und Stärken.

Ich habe daraus für mich die Erkenntnis gewonnen, dass ich mich nicht zurückziehen darf, sondern sprechen muss. Und ich habe an diesem Wochenende Mut bekommen, eine Arbeit über ›Ausländerfeindlichkeit und Rassismus‹ aus eigener Betroffenheit und der Betroffenheit so vieler anderer Frauen zu schreiben.

Ich möchte mich daher für jedes freundliche Neben- und Miteinander, jeden Zwist mit Euch und inneren Konflikt mit mir bedanken und hoffe auf viele weitere Begegnungen wie bei diesem Kongress.

Aufbruch

1986 erschien »Farbe bekennen«, May Ayims erste Buchveröffentlichung, die auf ihrer gründlichen Recherche zur Präsenz von Menschen afrikanischer Herkunft in Deutschland seit dem 12. Jahrhundert basiert. Im ersten Teil des Buches geht es um eben diese Geschichte, im zweiten kommen afro-deutsche Frauen zu Wort, darunter auch May Ayim mit dem folgenden Text.

An dem Tag, als ich geboren wurde, kamen viele Geschichten meines Lebens zur Welt. Jede trägt ihre eigene Wahrheit und Weisheit. Diejenigen, die im Erleben von Kindheit in meiner Nähe waren, werden vielleicht mit einer völlig anderen Geschichte meiner Kindheit aufwarten als ich. Ich kann nur meine Geschichte erzählen, so wie sie sich mir eingeprägt hat, und wenn die negativen Ereignisse deutlicher in Erinnerung blieben als die positiven, bedarf es dafür keiner Entschuldigung. Es ist einfach so. Ich werde hier also etwas von mir preisgeben. Ohne Anklage oder Verzeihung, ohne Anspruch auf Wirklichkeit und im Erleben von Wahrheit. Und in der Gewissheit, dass jede/r, der oder die meine Geschichte liest, sie anders versteht.

Als ich geboren wurde, war ich nicht Schwarz und nicht weiß. Vor allen Namen, die ich bekam, hieß ich ›Mischlingskind‹. Es ist schwer, ein Kind mit Liebe zu umgeben, wenn die Großeltern der Mutter sagen, dass das Kind fehl am Platze sei. Es ist schwer, wenn das Kind nicht in die Pläne der Mutter passt und wenn kein Geld da ist. Es wird alles noch schwerer, wenn die weiße Mutter nicht möchte, dass ihr Kind in eine Schwarze Welt entführt wird. Auch die Gesetze erlauben nicht, dass der afrikanische Vater das deutsche Töchterchen zu einer afrikanischen Mutter bringt.

Es ist nicht leicht, ein Kind in ein Heim zu geben. Es bleibt dort ein Jahr und sechs Monate.

Über das Radio hörte irgendwo ein Ehepaar von Kindern wie mir: von denen, die keine Eltern finden, weil sie ›Soldatenkinder‹ sind, weil sie behindert sind oder nicht blond genug oder im Gefängnis geboren werden. Ich wurde Wunschkind einer weißen deutschen Familie und vergaß die Heimmonate. Aus jener Zeit blieben nur die Erzählungen meiner Pflegeeltern: »Du konntest nicht einmal stehen. Wegen der einseitigen Ernährung hattest du Rachitis. Der Oberkörper war dick und überernährt, die Beinchen so krumm, dass jeder Arzt glaubte, sie würden niemals halbwegs gerade.«

Es gibt keine ›süßen‹ Babyfotos aus dieser Zeit. Mir fällt eine immer wiederkehrende Warnung meiner Pflegeeltern ein: »Pass auf! Wer als Baby dick ist, wird auch später dick werden. Achte immer darauf, was und wie viel du isst!« Aus dieser Zeit behielt ich die Angst vor dem Alt- und Dickwerden; später noch verstärkt durch das Klischee der ›Schwarzen dicken Mammi‹, die mir in manchen Spielfilmen als Mahnbild des Schreckens vorgeführt wurde.

Kindheit ist, wenn kind sich viele Gedanken macht, und die Wörter, die kind spricht, nicht verstanden werden. Kindheit ist, wenn kind ins Bett macht und die Eltern das Resultat mit Schlägen kommentieren. Kindisch ist, wenn kind alles falsch macht, ungezogen ist, nichts kapiert, zu lahm ist und immer wieder die gleichen Fehler macht.

Kindheit ist, wenn kind immer wieder ins Bett macht und keiner versteht, dass kind das nicht tut, um seine Eltern zu bestrafen. Kindheit ist, mit der Angst vor Schlägen zu leben und damit nicht fertig zu werden. Kindheit ist, jedes Jahr Bronchitis zu bekommen und immer wieder zur Kur geschickt zu werden.

Nach Jahren sagt mir ein Arzt über mein Erstaunen, dass meine chronische Bronchitis seit dem 15. Lebensjahr plötzlich verschwunden ist: »Wissen Sie nicht, dass das wie Bettnässen ein psychosomatisches Leiden ist?«

Angst, die sich beklemmend auf die Atemwege legt? Angst gab es genug. Wahrscheinlich Platzangst. Oder Angst zu platzen. Angst, unter Schlägen und Beschimpfungen zu zergehen und sich nicht mehr wiederfinden zu können. Nicht aufmucken, lieber schlucken. Bis es nicht mehr geht und entweicht: ins Bett oder als brutaler Hustenkrampf, der jeden normal Hörenden zu schlaflosen Nächten und Wutanfällen treibt. So ist das mit der Unterdrückung. Sobald du anfängst zu schlucken, kannst du darauf gefasst sein, dass das Maß irgendwann voll ist. Der Boden zerbricht, oder so einiges läuft oben über. Das ist dann ein ›Sich-Wehren‹, das leider völlig falsch verstanden bzw. überhaupt nicht verstanden wird. Ich höre meine Mutter stöhnen: »Diese ewige Husterei! Das ist ja zum Verrücktwerden!«

Kindheit ist auch Lachen! Im Sandkasten spielen, Rollschuh laufen, Roller fahren und Fahrrad fahren lernen. Tausend Strumpfhosen zerreißen und den mütterlichen Zorn als Preis für den wundervollen Tag in Kauf nehmen. Und Liebe!

Liebe ist, wenn Mama was Leckeres kocht und kind in die Stadt mitgenommen wird. Wenn kind auf der Kirmes 'ne Zuckerstange bekommt, Weihnachten alles märchenhaft verzaubert wird, und kind mit ins Kino geht. Liebe ist, morgens ganz leise aufzustehen und den Tisch für Mama und Papa zu decken und sich hübsche Geschenke auszudenken. Liebe ist, wenn wir alle gut gelaunt in den Urlaub fahren.

Sehnsucht ist das Bedürfnis, zu spüren, wie jemand sagt: »Na Kleine, fühlst du dich wohl? Wir haben dich lieb. Ob du nun Schwarz oder weiß, dick oder dünn, dumm oder schlau bist, ich liebe dich! Komm auf meine Arme!« Sehnsucht ist, zu wissen, was du hören möchtest, und vergeblich darauf zu warten, dass du es gesagt bekommst. Traurig ist dann, wenn kind sich zu schwarz und zu hässlich findet. Entsetzen, wenn die Mama kind nicht weiß waschen will. Warum nicht? Es wäre doch alles viel einfacher. Auch die anderen Kinder würden nicht ›N…‹ oder ›N…kuss‹ rufen. Kind bräuchte sich nicht mehr zu schämen und besonders ordentlich oder artig zu benehmen. »Benimm dich immer schön anständig. Was man von dir denkt, denkt man von allen anderen Menschen mit deiner Hautfarbe!«

Das Leben ist mir zu schwierig.

1. Diese verfluchte Angst, alles falsch zu machen. Das nächtelange Heulen, wenn ich in der Schule was verloren habe. »Bitte, lieber Gott, mach, dass Mama und Papa mich nicht schlagen, wenn ich es ihnen sage.«

Das ständige Zittern aus Angst, was falsch zu machen und dann vor lauter Zittern doppelt so viel herunterschmeißen wie die anderen Geschwister. »Kein Wunder, dass mich niemand mag.«

2. Die verfluchte Grundschule mit den verdammten Hausaufgaben. Mama überwacht alles mit dem Kochlöffel, besonders die Rechenaufgaben. Wenn kind nicht schnell genug rechnet, kriegt es Schläge auf den Kopf; wenn die Aufgaben nicht sauber genug niedergeschrieben werden, wird die Seite herausgerissen. Bis auf die Pausen und den Sportunterricht mag ich die Schule nicht besonders. Warum darf ich nie jemanden einladen oder besuchen? »Lieber Gott, mach, dass Mama und Papa sterben und wir andere Eltern bekommen. Welche, die nur noch lieb sind.«

3. Meine Eltern sagen so oft, dass ich nichts kann, nichts bin und alles zu langsam mache. Ich nehme heimlich eine Rasierklinge von meinem Vater und verstecke sie unter meinem Kopfkissen. Die Angst und die Sehnsucht nach Selbstmord. – »Das Kind spielt mit Rasierklingen im Bett! Du bist wohl total verhaltensgestört. Weißt du denn nicht, wie gefährlich das ist? Dieses Kind treibt mich noch in den Wahnsinn!«

Einmal beschließe ich, von zu Hause wegzulaufen. Ich sage es meinem kleinen Bruder und verabschiede mich von ihm. Ich bin vielleicht neun und er fünf Jahre alt. Er erkennt den Ernst der Lage, fängt an zu heulen und verpetzt mich bei meinen Eltern. Man ist wieder ein bisschen netter zu mir. – »Lieber Gott, mach, dass ich einschlafe und nie mehr aufwache.«

4. Wer hat meinen Traum zerstört? Der Traum vom ›Weißsein‹ ist am ungenügenden Willen meiner Eltern und der mangelhaften Waschkraft von Seife gescheitert. Selbst Seife essen hat überhaupt nichts bewirkt. Der Traum vom ›Schwarzsein‹ ist an der leibhaftigen Erscheinung meines afrikanischen Vaters gescheitert. Zuvor mein Geheimnis: Wenn ich mal groß bin, gehe ich nach Afrika. Dort sehen alle aus wie ich. Wenn Mama, Papa und meine weißen Geschwister zu Besuch kommen, werden die Leute auf sie zeigen. Ich werde sie trösten und den Leuten sagen: »Tut das nicht!« Und meine Eltern werden verstehen, wie das für mich war in Deutschland.

Und siehe! Das ist mein Vater! Ganz schwarz. »Dagegen bist du weiß.« – »Sehen in Afrika alle Menschen so schwarz aus?« – »Na klar.« Ihr habt meinen Traum zerstört.

Einmal, als mein Vater zu Besuch kam, rannten alle Kinder weg. Dabei hatte er Bonbons für uns alle dabei. Vielleicht haben wir das Spiel ›Wer hat Angst vorm schwarzen Mann?‹ zu oft gespielt: »Wenn er aber kommt?« – »Dann laufen wir.« Vielleicht saß auch die Impfung gegen die schwarzen Lügen, die schwarzen Sünden und den schwarzen Buhmann zu tief. Mein Bruder und ich wären auch gerne weggerannt, aber wir wussten, dass wir das nicht dürfen. Außerdem gab's nette Geschenke.

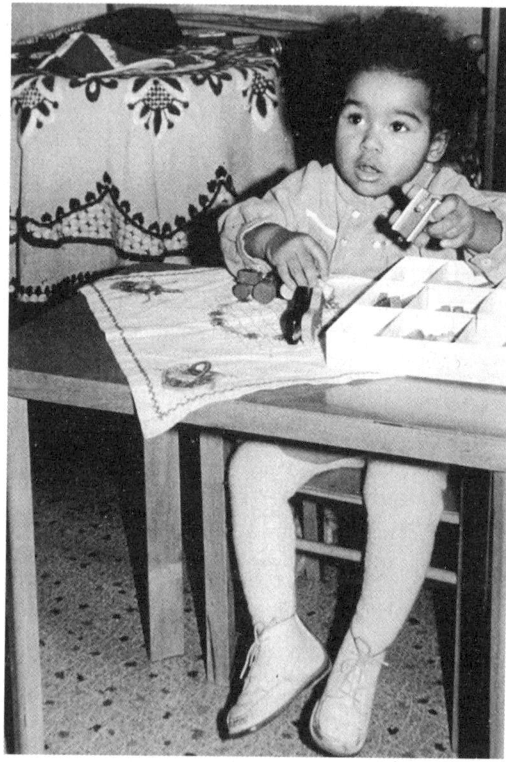

Mein Vater war Onkel E. Er war Onkel E., weil er für meinen weißen Bruder Onkel E. war, und er war Onkel E., weil er für mich nicht mein ›Vater‹ war. Er blieb für mich Onkel E., auch als ich in Briefen an ihn irgendwann anfing, »lieber Vater« zu schreiben. Mein Pflegevater wünschte es so. Er meinte, dass E. sich darüber freuen würde. Da ich wusste, dass er weit weg war und bis auf Alle-paar-Jahre-einmal-Besuche immer weit weg bleiben würde, tat ich den beiden den Gefallen und schrieb: »Lieber Vater!« Ich schrieb vom letzten Urlaub, vom nächsten Urlaub, von Zeugnisnoten und immer vom Wetter. Mein Pflegevater achtete einige Jahre darauf, dass ich es vollständig machte.

Ich habe mich nie gefragt, ob ich auf meinen Vater stolz sein oder ob ich ihn verachten müsse. In all den wenigen Berichterstattungen erschien er als der positive, studierte Mann, der aus irgendwelchen Gründen ein Kind hatte, das er nicht selbst aufziehen konnte. Ich bat einmal um eine Geschichte über die Frau, die mich zur Welt gebracht hat. »Eine Frau? Ein Flittchen war das.« Ich fragte nie wieder.

In dem Gefühl des Ausgeschlossenseins drehte ich mich im Kreis. Besonders die Angst meiner Pflegeeltern, dass ich auf die »schiefe Bahn« geraten könnte, hielt mich gefangen. Die Befürchtung, dass ich schwanger nach Hause kommen könnte, war die Begründung für jedes Ausgehverbot. Ihre Sorgen und Ängste schnürten mir die Kehle zu.

Bevor ich von zu Hause wegging, verbrachte ich ein schweigendes Jahr in meiner Familie, das den Bruch besiegelte.

Im Nachhinein weiß ich: Meine Eltern liebten mich. Sie haben mich in Pflege genommen, um den Vorurteilen in dieser Gesellschaft etwas entgegenzusetzen. Um mir die Chance auf ein Familienleben zu geben, das ich im Heim niemals gehabt hätte. Meine Eltern haben mich aus Liebe, Verantwortung und Unwissenheit besonders streng erzogen, geschlagen und gefangen gehalten. Im Wissen um die Vorurteile, die in der weißen deutschen Gesellschaft bestehen, passten sie ihre Erziehung unbeabsichtigt diesen Vorurteilen an. Ich wuchs in dem Gefühl auf, das in ihnen steckte: beweisen zu müssen, dass ein ›Mischling‹, ein ›N…‹, ein ›Heimkind‹ ein vollwertiger Mensch ist. Daneben blieb kaum Zeit und Raum, mein ›Ich‹ zu entdecken.

Es hat lange gebraucht, bis mir bewusst wurde, dass ich aus mir selbst heraus einen Wert habe. In dem Moment, als ich zu mir ›ja‹ sagen konnte, ohne den geheimen Wunsch nach Verwandlung, war die Möglichkeit gegeben, die Brüche in mir und meiner Umgebung zu erkennen, zu verarbeiten und aus ihnen zu lernen. Ich bin nicht an meinen Erfahrungen zerbrochen, sondern habe aus ihnen Stärke und ein besonderes

May Ayim mit Vater Emmanuel Nuwokpor Ayim © privat

Wissen gewonnen. Der Umstand, nicht untertauchen zu können, hat mich zur aktiven Auseinandersetzung gezwungen, die ich nicht mehr als Belastung, sondern als besondere Herausforderung zur Ehrlichkeit empfinde. Das immer wieder meine Situation Sichten- und Erklären-müssen hat mir zu mehr Klarheit über mich selbst verholfen, bis zu der Erkenntnis, dass ich niemandem eine Erklärung schuldig bin. Ich hege keinen Groll gegen die, deren Macht und Ohnmacht ich ausgesetzt war und denen ich mich zeitweise unterordnete oder unterordnen musste. Ich habe oft etwas aus mir machen lassen, es liegt nun an mir, etwas aus dem zu machen, was man/frau aus mir gemacht hat.

Ich habe mich auf den Weg begeben.

Drei afro-deutsche Frauen im Gespräch

Der Entstehung von Farbe bekennen *gingen viele Treffen und Gesprächsrunden einer Gruppe von afro-deutschen Frauen voraus. Der folgende Text wurde nach einem solchen Gespräch von Laura Baum, Katharina Oguntoye, May Ayim (und Dagmar Schultz vom Orlanda Frauenverlag) geschrieben.*

›Schönsein‹ – was heißt das?

Laura: Ich begegnete neulich zwei besoffenen Typen. Der eine meinte, als ich vorbeilief, zum anderen: »Guck mal!«, der andere: »Kohlenanzünder, hoffentlich brennt er.« Darauf sagte der eine: »Ach, die sieht doch gut aus«, und der andere antwortete: »Die ist doch nicht europäisch.«

Als farbige[1] Frau wirst du meistens als exotisch betrachtet, das entspricht auch dem üblichen Klischeebild, das überall verbreitet wird. Bei Männern ist das, glaube ich, anders.

Katharina: Da wir nicht als europäisch wahrgenommen werden, entsteht bei uns dieses Gefühl, anders zu sein.

Vorhin hast du von deiner Mutter erzählt, die gemeint hat, wenn du dich mehr ins Afrikanische entwickelst, also mehr afrikanisch als europäisch aussiehst, dass du dann weniger gemocht wirst. Ich erinnere mich daran, wie eine Freundin einmal zu mir sagte, ich würde doch bestimmt mehr meinem Vater ähnlich sehen. (Sie kannte weder meinen Vater, noch hatte sie je ein Bild von ihm gesehen.) Ich weigerte mich heftig, das anzunehmen, und war innerlich sehr verwirrt darüber, dass ich mich

1 Wir haben uns entschieden, dieses Dokument inhaltlich unverändert abzudrucken; so ergeben sich möglicherweise Irritationen bezüglich der Verwendung mancher Terminologien, aber darin zeigt sich unter anderem der Zeitgeist, in dem dieser Artikel verfasst wurde (Anmerkung Dagmar Schultz, 2021).

so dagegen sträubte. Denn ich weiß, dass ich meinem Vater ähnle und auch immer ein bisschen stolz darauf war.

Es war vielleicht so wie in der Situation mit den drei Typen: Ich habe mich dagegen gewehrt, in eine bestimmte Schublade gesteckt zu werden, und gleichzeitig fühlte ich mich schlecht dabei, weil ich mich damit auch von afrikanisch aussehenden Frauen abgegrenzt habe. Afrikanerinnen fallen aus dem europäischen Schönheitsideal raus; für sie gibt es nur die Rolle der exotischen ›Schönheit‹. Und so wollte ich nicht gesehen werden. Richtig in Wut bringt mich dabei, dass es mir in dieser Gesellschaft so schwer gemacht wird, Afrikanerinnen schön zu finden. Es gibt keine Worte, mit denen ich ohne diese ungleich bewerteten Ideale afrikanisches Aussehen bei Afrikanerinnen und auch bei mir beschreiben kann. – Nicht meine braune Haut gilt als schön, sondern meine hellbraune Haut ... Mit meiner breiten Nase ging es mir ähnlich: Ich habe sie einerseits abgelehnt, weil sie mich afrikanischer macht, und andererseits hatte ich ein ungutes Gefühl dabei, weil mir breite Nasen bei anderen gefallen.

May: Ich habe lange dieses Bild mit mir rumgetragen, hässlich zu sein, weil ich afrikanisch aussehe. Irgendwann habe ich das glücklicherweise überwunden. Inzwischen würde ich sogar ganz gern 'ne breitere Nase haben. Ich finde breite Nasen total super.

Allerdings hat es mich sehr bedrückt, als ich in Kenya festgestellt habe, wie unheimlich wichtig es dort ist, mindestens so wichtig wie hier, eine schmale Nase, glatte Haare zu haben und möglichst nicht so dunkel zu sein. Es gibt dort Cremes, um die Hautfarbe aufzuhellen, und für wichtige Feste versuchen die Frauen, mit heißen Kämmen ihre Haare zu glätten.

Zwei Schwestern, die ich kennenlernte, haben sich in Tansania unwohler gefühlt als hier – mehr beobachtet und mehr bewundert, dort eben aufgrund ihrer helleren Hautfarbe.

Katharina: Es muss für sie ganz schön frustrierend gewesen sein, wieder rauszufallen, gerade wenn die beiden geglaubt haben, dass sie in Tansania endlich einmal nicht mehr auffallen ...

May: Ja, ihr Vater meinte, sie müssten sich für ein Leben hier in Deutschland oder in Afrika entscheiden, und in Afrika wäre es auf jeden

Fall leichter für sie. Die beiden haben widersprochen und meinten, in Tansania hätten sie ständig ungewollt im Mittelpunkt gestanden.

Katharina: Das hat ja dann auch gar nichts mit dir selbst zu tun, sondern nur damit, wie hell oder dunkel deine Hautfarbe ist.

Dagmar: Du hast einmal gesagt, dass du dich jetzt als schöne Frau begreifst und dir das früher nicht so ging. Weißt du, wie und wodurch sich das geändert hat?

Katharina: Ich war ein hässliches Entlein, aber alle wussten, dass ich ein Schwan werde. Ich wusste nicht wie – ich war so klein und fett und hatte einen kurzen Hals, aber alle haben immer gesagt: »Du wirst eine schöne Frau.« War das bei dir anders?

May: Ja, das Dumme dabei war, dass zu der Zeit, als ich es nötig gehabt hätte, niemand zu mir gesagt hat, dass ich schön sei. Ich weiß noch, dass sich das geändert hat, als ich mich Hals über Kopf verliebt habe. Da ging's mir total gut, und da fand ich mich dann auch schön. Ich weiß noch genau, dass ich mich damals irgendwo in einem Spiegel gesehen habe und mich schön fand. Aber ich glaube, das kam mehr aus einem inneren Gefühl heraus. Es ging mir gut, und die Welt war ziemlich rosarot. Zu der Zeit haben mir zum ersten Mal Leute gesagt, dass ich schön bin, auch Frauen.

Katharina: Es hat auch viel mit dem Gefühl zu dir selbst zu tun, wie häufig du solche Komplimente kriegst.

May: Ja, es ist oft so; wenn ich mich mies fühle und in den Spiegel gucke und denke: »Mein Gott, nee«, dann kommt meistens auch niemand auf die Idee, mir zu sagen, dass ich gut aussehe.

Laura: Von der Pubertät weiß ich von mir, dass ich mich total hässlich gefühlt habe. So hässlich, dass ich richtig Komplexe hatte, mich nicht auf die Straße getraut habe und verkrampft war.

May: Ja, und neulich habe ich mal wieder Bilder aus dieser Zeit, wo ich mich so hässlich gefühlt habe, gesehen. Da fand ich mich echt hübsch und war ganz erstaunt darüber.

Katharina: Bei mir war das eher umgekehrt: Ich finde mich auf den Bildern hässlich und kann überhaupt nicht verstehen, wieso Leute zu

mir gesagt haben, dass ich schön sei. Vielleicht lag es auch an meinem sonnigen Gemüt und hatte mit dem Äußeren nicht so viel zu tun.

May: Mir wurde zwar nie gesagt, dass ich hübsch sei, aber ich habe mich dennoch zugehörig gefühlt, spürte, dass die anderen gerne mit mir zusammen waren, mich lustig fanden. Vielleicht spielten da auch mehrere Sachen zusammen. Z.B. haben mir meine Eltern nie erlaubt, Kleidung anzuziehen, die ›in‹ war. Ich musste immer die Sachen von einer entfernten Cousine nachtragen, die dreimal so dick war wie ich. Meine Oma hat kurz oben ein Gummiband reingezogen und fand das dann ›hübsch‹. Ich lief dann mit diesen Bottichen rum. Ich durfte auch keine langen Hosen anziehen und war immer ein bißchen ausgeschlossen, vor allem, weil es zu der Zeit sehr wichtig war, Jeans oder Cordhosen und nicht karierte Faltenröcke anzuziehen.

Laura: Bei mir war das Gegenteil der Fall – meine Mutter hat mich immer fein rausgeputzt. Ich habe öfter mitbekommen, dass ich als Kind oder Jugendliche als hübsch bezeichnet wurde. In der Pubertät, als ich mich so hässlich gefühlt habe, war ich immer ganz baff darüber. Mit der Zeit wurde das immer mehr. Ich konnte das gar nicht glauben oder annehmen, denn wenn ich mich im Spiegel ansah, wurde mir schlecht. Jetzt höre ich nicht mehr hübsch, sondern ›schön‹. Anfangs war ich angenehm überrascht, weil die Leute mir etwas zusprachen, was ich selbst gar nicht gesehen habe. Und langsam finde ich auch, dass ich schön bin.

Katharina: Es ist auch wirklich die Frage, was schön und was hässlich ist. Ich habe schon oft schöne Menschen nur mit viel Abstand betrachtet, weil ich sie in ihrem Ausdruck sehr häßlich fand.

Dagmar: Das Wort ›schön‹ hat ja eine andere Bedeutung als ›hübsch‹ oder ›gutaussehend‹. Verbindet sich das mit dem, was ihr eben erzählt habt?

Laura: Mir fällt dazu ein, wie es auf mich gewirkt hat, wenn Leute mir zu verstehen gaben, dass meine Hautfarbe für sie im Vergleich zu weiß einen ›exotischen‹ Reiz hatte, schön verbunden mit fremd, aber nicht ganz so fremd wie schwarz. Ich erlebe dieses ›schön‹ in der Schule andauernd. Eine Mitschülerin sagte, dass Mulatten besonders schöne Menschen seien. Weiß findet sie blass, ganz schwarz dagegen auch nicht gut, weil sie da keine Gesichter erkennt, die seien viel zu dunkel. Die Mischform wird als unheimlich erstrebenswert empfunden.

Katharina: Ich kann das nicht ernst nehmen. Die Deutschen legen sich im Sommer in die Sonne, um so braun wie ich zu werden. In diesem Fall soll es positiv sein, eine andere Hautfarbe zu haben. Ansonsten ist es nicht positiv. Ich bin sehr misstrauisch, wenn ich so etwas höre.

Laura: Es bedeutet auch, dass die Leute sich mit rein äußerlichen Sachen selbst abwerten. Das gibt dann ein sexistisches Klischee- oder Idealbild von schönen farbigen Frauen, die singen, tanzen, lachen und sonstwie erotisch und exotisch sind. Ich hatte kein gutes Gefühl mehr, als ich merkte, dass mit diesem ›schön‹ auch Erwartungshaltungen verbunden sind: nicht europäisch oder deutsch, d.h. cool und relativ ruhiges Temperament, sondern ganz bestimmte andere Vorstellungen. Das hat mich gestört, und ich wollte denen auch nicht entsprechen. Manchmal war es auch angenehm, aber insgesamt nicht.

Katharina: Hättest du lieber weiß sein wollen?

Laura: Das kann ich so nicht sagen; aber ich wollte diesen Besonderen-Status nicht.

Dagmar: Du hast eben gesagt, manchmal war es angenehm. Was war denn daran angenehm?

Laura: Das hat mit meinem Selbstbewusstsein zu tun, das früher nicht so ausgeprägt war. Durch den Besonderen-Status bekam ich eine Art Bestätigung, die mir manchmal auch gereicht hat, wenn ich mich schlecht gefühlt habe. Ich wurde zwar nicht als gleich anerkannt, bekam aber dafür auch ein Plus. Das war mir irgendwo angenehm, obwohl ich ein ambivalentes Verhältnis dazu hatte.

May: Es ist wirklich so eine Sache mit dem ›schön‹. ›Schön‹ heißt eigentlich mehr, dass die Leute einen interessant finden, weil man diese Hautfarbe hat und weil sie erwarten, dass hinter dieser Hautfarbe eine spannende Geschichte steht. Viele Leute setzen voraus, dass ich einen besonderen Bezug zu Afrika habe, auch wenn ich erkläre, dass ich dort nie gelebt habe. Sie erzählen mir, dass sie in Afrika waren, einen Trommelworkshop gemacht haben und es faszinierend finden, wie Afrikaner tanzen ... Ich frage mich immer, warum die mir das alles erzählen. Wenn sie dann tatsächlich merken, dass ich keine afrikanische Sprache spreche und nicht afrikanisch tanzen kann, lässt das Interesse schnell nach: »Ach, dann bist du ja schon ziemlich europäisiert.«

Laura: So extrem kenne ich das kaum. Oft merke ich zwar Enttäuschung, aber auch ein gewisses Interesse. Die Leute sehen ja, dass es so schön, wie sie sich das ausgemalt haben, doch nicht ist. Aber es bleibt immer noch ein Restchen, das sie anhimmeln können. Ich habe oft bei den Leuten ein Gefühl von Minderwertigkeit festgestellt, und dass ich mit meiner ›Besonderheit‹ ganz bewusst idealisiert werde, wie ein Wunschbild. Damit kann ich schlecht umgehen, weil ich nun mal keine Märchenprinzessin bin und nicht aus sonstwoher mit tollen Gewächsen und Gerüchen komme ...

Mir ist es oft passiert, dass wenn Leute mich nach meinem Namen gefragt haben, und ich antwortete: »Laura«, Reaktionen kamen wie: »Der Name ist ja gar nicht exotisch.« Ich wurde öfter mit so einem bestimmten wohlgefälligen Lächeln betrachtet, wo ganz klar war, dass ich selbst überhaupt nicht gesehen wurde. Als mich z.B. mal jemand mit »Hallo Trixi« ansprach und ich antwortete, ich sei Laura und nicht Trixi, meinte der: »Ach, ihr Mulattinnen seht doch alle gleich aus.« Immer diese Verallgemeinerungen und Verwechslungen ...

Katharina: Die haben mich auch immer sehr misstrauisch gemacht. Eigentlich habe ich nur meiner Freundin Karin geglaubt, wenn sie sagte, sie habe eine Frau gesehen, die mir ähnlich sehe. Ansonsten habe ich erstmal grundsätzlich bezweifelt, dass mir eine ähnelt. Als der Afro-Look modern und damit klar war, dass alle, die einen Afro- Look hatten, gleich aussahen ...

Laura: Ja, Angela Davis oder Joan Armatrading ...

Katharina: Bei Joan Armatrading dachte ich selbst, ich sehe ihr ähnlich, und wenn das welche sagten, die mich nicht näher kannten, war das für mich auch o.k.

Wie sehen uns andere – wie gehen wir damit um?

May : Ich erlebe oft, dass die Leute ihre Erwartungen über das stellen, was ich ihnen sage. Wenn ich erzähle, dass ich hier aufgewachsen bin und mein ganzes Leben hier verbracht habe, kann es dennoch sein, dass hinterher die Frage kommt: »Ja, und wann gehen Sie zurück?« Bescheuert. Ich habe ab und zu das Gefühl, nirgendwo hinzugehören, andererseits bin ich hier aufgewachsen, spreche diese Sprache, fühle mich eigentlich hier sicher und kann mich ausdrücken, wie ich es will. Ich teile den Lebenshintergrund mit diesen Leuten hier, auch wenn sie mich nicht akzeptieren. »Ja, ich bin deutsch«, sage ich vielleicht schon aus Trotz, um sie in ihrem Schwarz-weiß-Denken zu verunsichern.

Katharina: Ich habe auch immer große Lust, die Leute von ihrer bornierten Haltung wegzubringen, deutsch sei eben blond und blauäugig. Es gibt so viele verschiedene Arten von Menschen hier.

May: Ich dachte auch oft, ich müsste mich dafür rechtfertigen, dass ich hier bin. Inzwischen weiß ich, ich bin eben so und frage ganz frech, ob was nicht stimmt, wenn jemand zweifelnd guckt. Oft erkennen die Leute selbst ihr festgefahrenes Denken und mit welcher Selbstverständlichkeit sie die intimsten Dinge fragen.

Katharina: Soweit ich das kenne, haben Mischlinge in Gruppen immer besondere Positionen. Ich glaube, das kommt daher, dass wir uns auch produzieren, weil wir auffälliger sind und uns mit unserem afrikanischen und deutschen Teil auseinandersetzen müssen. Dadurch entwickeln wir eine Wendigkeit, die sonst gar nicht gefordert ist und einem weißen Kind so nicht zugestanden würde. In einem Seminar hat mich z.B. eine Frau angesprochen, ich hätte mich wohl schon vorher in Gruppen gut ausdrücken können. Man erwartet nicht von mir, dass ich gut deutsch spreche, und ich stelle mich einfach so dar. Das wird dann als intelligent ausgelegt.

Laura: Ja, das passiert häufiger. Die Leute denken, ich sei Ausländerin. Spreche ich einwandfrei deutsch, kommt diese ›Huldigung‹.

May: Die Art, wie sie einen ansprechen, hat was Väterliches, Bevormundendes an sich. Diese Haltung nehmen sie sofort ein. Sofort, wenn sie mich sehen, denken sie, dass ich kein Deutsch kann. Ich erinnere mich an einen Bäcker, zu dem ich oft ging und der mir jedesmal mit aufwendigen Gesten dies und jenes erklärt hat. Einmal erzählte er sogar, wie das Wetter sei... da habe ich nur noch gelacht.

Katharina: Dieses ewig gleiche Spiel macht es schwer, in wirklichen Kontakt zu kommen. Wenn jemand sich so verhält, ziehe ich mich zurück.

Laura: Auf dieser Kaufmannsebene kannst du es ja auch nur mehr oder weniger akzeptieren, dich darüber ärgern oder lächeln, ändern tut sich nichts. Ab und zu sage ich: »Ich bin Deutsche.« Wenn ich ansonsten Leute kennenlerne, habe ich sie schon oft darauf angesprochen, dass ich nicht anders bin als irgend jemand anderes und nicht möchte, dass sie mir aufgrund meines Aussehens irgendwelche Erwartungen entgegenbringen. Nachdem wir uns besser kannten, bestätigten mir oft Leute, dass sie mir gegenüber Erwartungen hatten und dadurch, das ich sie darauf angesprochen hatte, auch eine Ebene da war, dies zu verändern.

May: Ich finde das auch immer sehr nervend, egal, wo ich hingehe, weiß ich genau, jetzt wirst du gleich von irgendeinem Typen angesprochen, besonders auf Feten: »Ja, wo kommst du denn her?«

Laura: Nur von Typen, nicht von Frauen?

May: Bei mir sind es meist Typen. Neulich kam auf einer Öko-Fete ein Typ an und fragte, wo ich herkäme. Ich antwortete, aus Münster. Da hat er nachgebohrt, bis ich halt gesagt habe, dass mein Vater aus Ghana sei. Dann meinte er: »Ich habe eine Verlobte in Ruanda, und du erinnerst mich sehr an sie.« Mich interessierte das überhaupt nicht, da hatte er auch schon ein Bild von dieser Verlobten aus der Tasche gekramt. Ich sah ihr gar nicht ähnlich. Er klebte mir an den Fersen, bis ich ihm klipp und klar sagte, dass ich keine Lust hätte, mich mit ihm zu unterhalten.

Neulich hat mich wieder einer so angequatscht: »Woher kommen Sie? Wo sind Sie geboren?« – »Ich komme aus Münster und bin in Hamburg geboren.« Schließlich habe ich dann doch zu seiner Zufriedenheit preisgegeben, woher meine Eltern sind. Worauf er allerdings nicht gefasst war, das war die Fragerei, die ich nun anfing: »Und woher kommen Sie? Und Ihr Vater? Und Ihre Mutter?« Der Mann war sichtlich verdutzt, hat aber brav geantwortet.

Laura: Mir fällt dazu auch ein, dass die Leute afrikanischen Männern und Frauen oft etwas zusprechen, was ihnen selbst fehlt. Ich werde oft mit dieser sexistischen Sicht konfrontiert, Afrikaner seien nicht richtig zivilisiert und hätten daher ein urwüchsiges Rhythmusgefühl, könnten ihre Gefühle besser ausleben, weil sie nicht wie die Europäer dermaßen an Normen gebunden seien ...

Katharina: Sie projizieren diese Bilder einfach auf die Menschen, ohne genau hinzugucken.

Laura: Und dieses Bild wird durch die Medien immer wieder verbreitet.

Katharina: Vor allem von der Unterhaltungsindustrie – der Höhepunkt ist ja der *Zitty*-Titel »Jetzt wird's farbig«.

Laura: Jetzt wird's bunt, amüsant, Action gegen grau, gegen trostlos, gegen weiß, gegen Langeweile.

May: Im Mai war in Münster ein Bundeskongress aller entwicklungspolitischen Gruppen. Ich hatte vorher einen Artikel über neokoloniale Denkstrukturen und Neorassismus geschrieben und ihn in meinem Arbeitskreis verteilt. Die Leute dort fanden ihn so gut, dass sie mich aufforderten, ihn ans Stadtblatt zu schicken. Der Artikel war aus verschiedenen Perspektiven geschrieben, was ich alles nicht gut finde, an anderen, an meiner Arbeitsgruppe und an mir selbst. U.a. schrieb ich, dass ich früher aus einem Je-weißer-desto-besser-Denken heraus betont hätte: »Ich bin nicht schwarz – ich bin Mulattin.« Der Artikel wurde übernommen, und in der Einleitung stand prompt: »M. O. hinterfragt unser Denken und Handeln, sie fragt als Mitglied der Solidaritätsbewegung, und sie fragt als Mulattin.« Als ich die Einleitung sah, war ich sehr enttäuscht, schließlich ist es eine alternative Zeitung, und der Typ ist entwicklungspolitisch sehr engagiert und hat diverse eigentlich sehr gute Bücher über Südafrika geschrieben.

Nirgendwo hingehören – Vereinnahmt werden

Katharina: Zwischen 15 und 20 habe ich häufig erlebt, dass ich nicht nur nach Afrika oder Amerika gesteckt wurde, sondern dass alle möglichen Nationalitäten mich für sich in Anspruch nahmen. Z.B. kam einmal ein Sinti auf mich zu und fragte, ob ich nicht eine Sinti sei, und war total enttäuscht, dass ich keine bin. Dasselbe passierte mir mit einem Filipino, mit einem aus Grenada und mit noch anderen. Alle meinten, ich wäre aus ihrem Land. Ich fühlte mich ganz merkwürdig in Anspruch genommen.

May: Ich werde auch schnell zugeordnet: nach Nordafrika, nach Südafrika, nach Argentinien oder Hawaii oder Indien – je nachdem, wo die Leute gerade in Urlaub waren und dann meinen, dass ich für dort besonders typisch wäre.

Laura: Diese Erfahrungen habe ich hier noch nicht gemacht, davon abgesehen, dass ich für eine Amerikanerin gehalten werde. Aber inder DDR kam ich für die Leute entweder aus Afrika oder aus Cuba. In der DDR war aber immerhin klar, dass ich nicht nordamerikanischer Abstammung bin, das ist dort sehr selten.

Katharina: Es ist ein eigenartiges Gefühl, wenn

alle möglichen Kulturbereiche mich für sich in Anspruch nehmen können. Ich bin dadurch auf die Idee gekommen, ich könnte mich eigentlich für dies und jenes ausgeben, ich bin eigentlich nichts – passe überall hin.

May: Früher glaubte ich, ich passe nirgendwo hin, weil ich überall total auffallen würde. Ich dachte, ich kann nie einfach mal ich sein, ich laufe immer mit dieser Hautfarbe rum. Damals hat mich die Vorstellung von einem Land wie Brasilien, wo die Bevölkerung gemischt ist, beruhigt; dort könnte ich, ohne besonders aufzufallen, aufgenommen werden. Das hat mir ein Gefühl von Internationalität gegeben.

Katharina: Das kenne ich auch, aber es ist auch schwierig: ich bin keine Sinti, ich bin auch nicht von den Philippinen oder aus Grenada; ich kann mich auch nicht dafür ausgeben, weil mir das Gefühl fehlt, wie es ist, von dort zu sein. Mir wurde klar, dass ich mich als Deutsche fühle und mich damit auch am meisten verbindet: meine Sprache, mein Aufwachsen hier. Ab einem gewissen Zeitpunkt war das meine Identifikationsmöglichkeit. Die Identifikationsmöglichkeiten, die mir durch das Vereinnahmen eröffnet wurden, haben mich sehr verwirrt; ich fand es zwar spannend, mich international zu fühlen, aber es hat mich auch überfordert.

May: Das sind im Grunde genommen auch zwei verschiedene Dinge: einmal, von außen beurteilt zu werden, und zum anderen, sich selbst einer Gruppe zugehörig zu fühlen.

Zu dem Beurteilt- und Vereinnahmt-Werden gehört auch, dass mir z.B. Türken ihr Leid über die Deutschen klagen und mich überhaupt nicht als Deutsche sehen. Ich kann ihre Schwierigkeiten zwar verstehen, gehöre aber dennoch nicht zu ihnen. Seit mir dieser Konflikt klar ist, fühle ich mich bewusster als Deutsche und erkenne auch die Unterschiede, die trotz aller Gemeinsamkeiten durch die Diskriminierung auch da sind.

Katharina: Ich hatte auch immer was dagegen, mit Schwarzen gleichgesetzt und damit von Deutschen ausgegrenzt zu werden. Ich war mal mit einem Afro-Deutschen in einer amerikanischen Disco. Einerseits fand ich es toll, dass da nur Afro-Amerikaner waren, andererseits habe ich mich auch wie in einem Getto gefühlt, wo ich mich nicht frei bewegen und verhalten kann, weil ich mich zu wenig in dieser Gruppe auskenne. Ich hätte mich da reinbegeben müssen und ich will aber sein, wie ich bin.

May: Wie meinst du das, sein wie du bist?

Katharina: Ich war z.B. bereit, Kontakt als Afro-Deutsche mit Schwarzen aufzunehmen, habe mich aber sofort zurückgezogen, wenn sie mich vereinnahmen wollten.

May: Gegen das Vereinnahmen wehre ich mich genauso. Mir passiert es gelegentlich, dass Afrikaner es total schlimm finden, dass ich noch nie in Ghana war und keine afrikanische Sprache spreche. Ich versuche ihnen dann zwar zu erklären, dass für mich andere Sachen wichtig sind. Aber wenn sie das gar nicht verstehen, ziehe ich mich schnell zurück, weil ich mit dieser Situation nicht fertig werde.

Katharina: Ein Afrikaner sagte mal zu mir, er fände meine Haare so toll. Ich hatte sie damals eingedreht, dadurch waren sie sehr glatt und lagen in großen Locken, es sah sehr schön aus. Er meinte, damit hätte ich in Afrika die größten Chancen und fragte, ob ich nach Afrika wollte – für ihn war das der natürlichste Wunsch. Einerseits fand er glatte Haare und das Europäische an mir schön, und andererseits meinte er, ich gehöre nach Afrika.

Laura: Noch mal zu dem Heimatgefühl: Mir wurde in der DDR ganz krass bestätigt, dass ich fremd bin und nicht als Deutsche gesehen werde. In den Kleinstädten ist es ganz stark, aber auch in Ost-Berlin haben sich die Leute oft nach mir umgedreht: »Guck mal«. Ich habe kein Heimatgefühl, weil dieser Druck von außen so groß war. Ich spreche grade mal Deutsch, das ist das einzige, womit ich mich identifizieren kann. Deutsche zu sein, ist für mich eine Definition, die mir andere durch einen Ausweis und durch die Sprache geben, aber im Prinzip fühle ich mich als Garnichts, noch nicht mal international. Diesen Sommer in Paris hatte ich zum ersten Mal das Gefühl, dass ich nicht auffalle, dass sich nicht extra jemand nach mir umdreht, mich mit einem extra Lächeln beschenkt, eben weil es in Paris so viele afrikanisch abstammende Menschen gibt. Das war ganz wichtig für mich; ich fühlte mich einfach integriert – auf der Straße, in der U-Bahn –, obwohl ich die Sprache nicht konnte.

Hier habe ich kein Heimatgefühl, weil mir z.B. andauernd Verkäuferinnen sagen: »Sie sprechen aber gut deutsch.« Mir wird ständig bescheinigt, dass ich nicht deutsch bin. Irgendwie finde ich das auch schlimm für mich, und es hängt sicherlich auch mit dem Wechsel aus dem Osten zusammen und damit, dass ich in der DDR x-mal umgezogen bin. Ich war an keinen Ort gebunden, nur in Ost-Berlin habe ich über zehn Jahre gelebt; trotzdem verbindet mich nicht sehr viel damit, höchstens meine Beziehungen zu Freunden, die mich auch geprägt haben. Das ist meine eigentliche Identifikation, das, was mich und meine Persönlichkeit ausmacht, und hat mit national nichts zu tun.

Katharina: Zu mir sagte neulich in einem Blumenladen auch mal wieder eine Frau: »Sie sprechen aber gut deutsch.« Ich antwortete, ich sei hier aufgewachsen, da sagte sie ganz freundlich: »Ein deutsches Mädchen«, und ich habe mich total darüber gefreut. Sie hat sich nicht durch meine Antwort irritieren lassen, und es wurde ihr auch nicht peinlich, sie hat mich einfach bestätigt.

Ich möchte nicht weiß und auch nicht schwarz sein

Katharina: Ich würde mich nicht als weiß bezeichnen, insofern ist es auch nicht ganz korrekt zu sagen, ich sei schwarz. Manchmal fühle ich mich aber wie eine Weiße.

Laura: Ich fühle mich zwar nicht weiß, aber es gibt Situationen, in denen mir nicht mehr bewusst ist oder bewusst gemacht wird, dass ich farbig bin.

May: Ich erinnere mich an einen Traum, in dem ich ein schwarzes Röckchen und eine weiße Bluse anhatte. Ich bin rumgehüpft wie im Halmaspiel. Ich weiß genau, dass ich weiß war und einen Pferdeschwanz hatte.

Danach habe ich mich gefragt, ob das vielleicht daran liegt, dass ich normalerweise nur Weiße um mich sehe. Ich registriere meine Hautfarbe nur bewusst, wenn mich Leute darauf ansprechen. Kennt ihr sowas auch?

Katharina: Nicht als Traum, aber als Fantasie.

Laura: Nein, eigentlich nicht. Aber ich habe mir mal überlegt, warum ich stolz darauf bin, farbig zu sein. Ich möchte nicht weiß und auch nicht schwarz sein, ich möchte auf jeden Fall farbig sein. Das hängt sicherlich auch mit den Vorteilen zusammen, die ich dadurch habe.

May: In der Grundschule bekam ich in einem Theaterstück eine Hauptrolle als Teufelchen. Alle meinten, ich wäre doch für die Rolle ideal, weil ich mich nicht anzumalen brauchte. Ich habe das Teufelchen dann auch mit Stolz und Eifer gespielt. Als wir allerdings später ein Theaterstück aufführen sollten, in dem wir alle als Engelchen in der Bäckerei im Himmel arbeiteten, hatte ich plötzlich Angst, nicht mitspielen zu dürfen. Ich dachte: »Au weia, ein schwarzes Engelchen, das passt ja wohl nicht.« Ich war ganz froh, als ich merkte, dass ich mitspielen durfte.

Katharina: Ich erinnere mich, dass ich als Kind mit anderen über meine Hautfarbe geredet habe, dass meine Hautfarbe wie Kaffee mit Milch aussieht. Ich fand das eine sehr schöne Farbe und die anderen auch. Bis ich etwa zehn Jahre alt war, habe ich mich weder als weiß noch als schwarz empfunden. Ich habe mich als normales deutsches kleines Mädchen gefühlt, auch in Afrika. Dort habe ich auch den afrikanischen Teil in mir gesehen, aber auch den Unterschied zu den Leuten in Afrika – für sie war ich ›Eubio‹, die Europäerin –, weil ich anders aussah. Ich fühlte mich in Afrika als Deutsche, weil ich deutsch nicht mit Hautfarbe in Verbindung gebracht habe. Ich hatte natürlich auch afrikanische Verwandte und war froh, dass ich auch zu denen gehörte. Ich wäre aber nicht auf die Idee gekommen, mich anders zu fühlen als meine norwegische Freundin mit blonden Haaren. Es gab dort englische und deutsche Kinder und eine Familie mit vier afroamerikanischen Kindern. Da von außen dazu nichts gesagt wurde, kam mir das ganz normal vor.

Die ersten Reaktionen kamen in Heidelberg, für die weißen Leute in Heidelberg war ich was Besonderes. Damals fing ich an, mir Gedanken darüber zu machen, was ich nun eigentlich bin. Ich war nicht nur in Afrika gewesen, sondern auch noch in der DDR geboren. Sie sagten z.B.: »Du sprichst Hochdeutsch«, weil ich keinen süddeutschen Akzent hatte. Ich hatte auch noch afro-tschechische und englische Cousins. Aus diesem Zusammenhang heraus bin ich allmählich davon abgekommen, mich als Deutsche fühlen zu wollen, sondern als Afro-

Europäerin. Inzwischen hat sich auch das wieder verändert, es gibt kein Europa, in dem ich mich zu Hause fühlen kann.

Laura: Weil du immer als eine Fremde betrachtet wirst?

Katharina: Ja, ich denke, mein Bewusstsein als Afro-Europäerin ersetzt mir nicht das Gefühl von Da-gehöre-ich-hin. Deswegen kann ich trotzdem vertrieben werden.

May: Ich finde eigentlich den Begriff ›afro-deutsch‹ oder ›afro-europäisch‹ ganz gut. Ich bekenne mich dazu, dass ich anders aussehe, vielleicht mich auch anders bewege, auch aufgrund meiner Herkunft und der dadurch bedingten Lebenssituation in mancher Hinsicht anders denke oder anders fühle, aber ich möchte nicht in eine schwarze oder weiße Schublade gesteckt werden.

Katharina: Früher hatte ich den Wunsch, mich als ›normal‹ weiß zu empfinden, so stark, dass ich einfach so getan habe, als sei das so. Dieses Bedürfnis, mich anzupassen, ist immer noch unterschwellig bei mir drin. Obwohl ich mich jetzt bewusst mit meinem Schwarz-sein auseinandersetze und das Wort N.[...] positiv bewerte, lege ich mich dennoch nicht gerne in die Sonne, um nicht dunkler zu werden. Wenn ich blass aussehe, fühle ich mich weniger fremd und kann mich freier bewegen.

May: Früher dachte ich auch, dass ich weniger auffallen würde, wenn ich heller wäre. Jetzt wäre ich gerne schwarz, einfach so.

Katharina: Dann würdest du nach Afrika passen.

May: Nein, nicht deshalb. Diesen Wunsch hatte ich mal, als ich dachte, ich passe hier nirgendwo rein, aber das ist Quatsch. Eine Zeitlang sagten alle, dass ich nach Afrika zu meinem Vater gehöre, fragten, ob ich nicht die Staatsangehörigkeit und seinen Namen annehmen und dahinziehen wollte. Ich fühlte mich richtig ausgegrenzt und merkte die Unterschiede zu Afrikanern – ich spreche nicht die Sprache, kenne vieles aus der Kultur nicht oder lehne es ab.

Katharina: Es ist ein Mehr-anders-Sein als hier.

Ich hatte eine Zeitlang die Idee, irgendwann in der afro-amerikanischen Gemeinschaft in USA unterzutauchen und dort eine Heimat zu finden.

Dagmar: Warum sagt ihr immer untertauchen, verschwinden statt aufgenommen werden?

Katharina: Endlich mal untertauchen, endlich mal nicht die Ausnahme sein.

Was bedeutet es, »Ausnahme« zu sein?

Katharina: Als Kind habe ich mich oft gemein gefühlt – die Leute waren so nett zu mir und ich immer abwehrend und arrogant.

Am meisten Spaß hatte ich, wenn ich meine Freunde mit einbeziehen konnte, wenn z.B. jemand neu in die Klasse kam und dann dumm fragte. Ich habe kräftig mitgespielt – ich hatte damals oft Lama-Pullis an und wurde immer gefragt, ob die aus Afrika seien. Diese typisch lateinamerikanischen Pullis, die damals ›in‹ waren und alle trugen, waren dann plötzlich von meiner Oma aus Afrika, und überhaupt habe ich diese Geschichte gerne ausgebaut. Die Leute haben das auch noch geglaubt und die anderen sich tüchtig amüsiert.

May: In der Grundschule wurde ich oft gefragt, wo ich herkomme. Und einer Freundin habe ich dann immer die tollsten Geschichten von Afrika erzählt.

Wir hatten einmal einen Schüleraustausch mit Israel, und die Israelis waren zwei Wochen bei uns. Bei einem Ausflug lief hinter uns eine deutsche Familie und die dachten, ich gehöre zu den Israelis. Sie meinten, es sei alles so schön hier. Ich tat so, als würde ich kaum was verstehen, als sie mir auch noch das Wort ›Eichhörnchen‹ beibringen wollten, habe ich mich ganz blöd angestellt.

Katharina: Eine Gratwanderung zwischen Sich-Lustigmachen und einen Vorteil ausnutzen! An einem Arbeitsplatz kokettiere ich damit, dass ich eine andere Hautfarbe habe und ein bisschen hübsch bin, um leichter etwas durchzusetzen, oder weil es einfach der angenehmste Weg für mich und die anderen ist. Wenn eine meiner Kolleginnen etwas gegen meinen Arbeitsstil sagt, lache ich sie an. Dann sagt sie nichts mehr.

Dagmar: Das erinnert mich an eigene Erfahrungen mit der Frauenrolle, wenn einer auf Lächeln abfährt, dann lächle ich eben manchmal, obwohl ich das eigentlich nicht gut finde, bei sowas mitzuspielen.

Laura: Ja, bei meiner Arbeit habe ich mich manchmal bewusst naiv angestellt, um mir Sachen vom Leib zu halten, das hatte nicht unbedingt mit meinem Farbigsein zu tun.

In der Schule in der DDR hatte ich im Vergleich zu meinen Mitschülern bestimmt einen Bonus.

Dagmar: Meinst du, dass die Lehrerinnen zum Teil Angst hatten, als rassistisch angesehen zu werden, wenn sie dich bestraft hätten?

Laura: Ja, aber es hatte auch eine andere Seite – ich hatte zwar einen Bonus, war etwas Besonderes, wurde aber auch nicht so ernst genommen wie die anderen: »Die ist sowieso anders, an sie werden andere Ansprüche gestellt, sie ist auch intelligenter. Sie muss mit ihrer Umwelt mehr kämpfen, von daher ist sie kritischer und oppositioneller«.

Katharina: In diesem Denken steckt auch Mitleid.

In der Schule dachte ich oft, dass unterprivilegierte Kinder das viel dringender gebraucht hätten als ich. Z.B. war da ein Junge namens Giovanni. Er war Italiener und wohnte im Heim; er wurde nur ›Itaker‹ geschimpft, auf den hat kein Lehrer Rücksicht genommen. Der durfte sich nichts rausnehmen, weil er Schwierigkeiten mit seiner Umwelt hatte, im Gegenteil, er hat auch noch die Vorurteile der Lehrer abgekriegt.

Laura: Ich wurde einmal zu einer Physikolympiade delegiert, als ich dort reinkam, wurde ich mit einem wohlwollenden Lächeln gefragt, ob ich denn nicht auch schon bei der Matheolympiade gewesen sei. Da mochte ich nicht nein sagen.

Mitunter habe ich auch gehört, wie sich Lehrer über mich unterhielten: »Das ist aber ein hübsches Mädchen.« – »Ja, und so intelligent.« Entsprechend wurde ich denn auch stinkarrogant.

Katharina: Bei mir war es eher so, dass mich die Lehrer bloß nicht bevorzugen wollten. »Du brauchst überhaupt nicht mit deinen Kulleraugen zu kommen«, hat eine mal zu mir gesagt. Ich fand das eigentlich gut, dass die mich nicht rausheben wollten.

Dagmar: Das ist eine Erklärung, eine andere wäre, dass sie nicht ertragen konnten, dass du besser warst als die anderen.

Laura: In der Schule hier in West-Berlin wird nicht so ein Personenkult betrieben wie in der DDR. Hier gibt es so viele Individualitäten, dass du schon ganz besonders auffallen musst, um anerkannt zu werden. Die Lehrer erwarten auch nichts Besonderes von mir.

May: Eine Ausnahme zu sein wird hier im Allgemeinen nicht mit hohen Erwartungen an Intelligenz und Leistung verknüpft. Von daher werden Afro-Deutsche in Schulen und dergleichen auch nicht oder selten bevorzugt.

Laura: Ja, bevorzugt werde ich hier nicht.

May: Ich erinnere mich an einen Biologie-Lehrer, dem ich unterstelle, dass er mich wegen meiner Hautfarbe nicht ausstehen konnte. Seine Art, Themen zu behandeln, bei denen es um Rassen ging usw., brachte seinen ganzen Rassismus zum Ausdruck, und einige Mitschüler haben das dann auch noch von ihm übernommen. Es war entsetzlich für mich, zumal Biologie mein Lieblingsfach war. Ich schrieb fast alle Arbeiten mit Eins und bekam immer die Endnote Vier. Als ich diesen Lehrer darauf ansprach, begründete er die Vieren mit Notizen über mich, die er nebenher gemacht habe. Ich konnte nichts dagegen unternehmen. Irgendwann in der Oberstufe ging's plötzlich besser, ich weiß nicht warum.

»Es gibt keinen selbstverständlichen Namen für uns«

Laura: Was meinst du damit, »sie kann den afrikanischen Anteil ihrer Persönlichkeit nicht aus ihrem Leben/Sein ausschließen«?

Katharina: Ob ich darüber nachdenke oder nicht, ob ich mich mit anderen darüber auseinandersetze oder auch nicht, das ändert nichts daran, dass ich afrikanische Anteile habe – mein Aussehen, eine Art des Ausdrucks oder z.B. diese Art, die Hand zu halten –, du hältst sie genauso, es sieht auch schön aus.

Durch die Zeit, die ich in Afrika gelebt habe, ist mir bewusst, welche Teile von mir dort gelebt haben und hier in Deutschland einfach nicht existieren. Weil sie keiner haben will, vor allem auch meine Freunde und Freundinnen nicht. Ich überlege, wie das kommt, und glaube, dass uns rassistische Strukturen daran hindern, darüber zu reden. Außerdem steckt viel ungreifbare Angst dahinter.

May: Es gibt ja auch keinen selbstverständlichen Namen für uns wie etwa bei Afro-Amerikanern, in Deutschland drucksen alle rum: Mischlinge, Farbige, Mulatten, Schwarze oder N.[...].

Laura: Mir ist es schon unangenehm, das Wort N.[...] auszusprechen, es ist negativ geprägt und wird negativ benutzt.

Katharina: Mein Vater, meine Großmutter und andere Verwandte, die ich während meiner Zeit in Afrika kennengelernt habe und mag, sind Schwarz. Ich will mich von ihnen nicht abgrenzen, deshalb habe ich mich selbst als Schwarze definiert. ›N...‹ nenne ich mich nur selten oder eher im Scherz.

May: Ich finde es auch schwierig, einerseits, weil sich Afrikaner offensiv manchmal zum N...sein ›bekennen‹, und andererseits bedeutet gerade N.[...] in der deutschen Sprache alles mögliche: N.[...] sind alle, die irgendwie dunkler sind, egal, wie sie aussehen oder wo sie herkommen, es wird alles über einen Kamm geschoren. Außerdem steht N.[...] in vielen Redewendungen für Sklave und sonstwas. Als ich kürzlich nach Berlin fuhr, tankte der Fahrer an der letzten Tankstelle vor der DDR-Grenze und meinte: »Jetzt tanken hier noch mal die ganzen BRD-ler, damit sie den N.[...]sprit in der DDR nicht tanken müssen.« Oder ein Freund von mir sagte zu seinem Bruder: »Ich nehme heute dein Auto, du kannst dich ja von irgendeinem anderen N.[...] nach Hause bringen lassen.« Wenn allerdings ein Kind sagt: »Guck mal, Mutti, ein N.[...]«, finde ich das was anderes.

Mit Begriffen wie ›farbig‹ oder ›schwarz‹ ist es ähnlich. Ich empfinde ›farbig‹ für mich z.B. nicht unbedingt negativ, damit konnte ich mich lange Zeit eher identifizieren als mit ›schwarz‹, weil es den Unterschied zu AfrikanerInnen nicht auslöscht. Eine Südafrikanerin in meinem Arbeitskreis, die in Südafrika als ›farbig‹ gilt, mag dieses Wort nicht und findet ›Mischling‹ besser, was ich für mich wiederum nicht akzeptieren kann. N.[...] zu ihr zu sagen, ist mir noch fremder, da ich damit auch bestimmte Merkmale verbinde. Sie hat glatte Haare und sieht eher indisch aus als afrikanisch.Inzwischen ist im Verlauf unserer Diskussion der Begriff ›afro-deutsch‹ entstanden.

Katharina: Ich will auch nicht N.[...] als Bezeichnung einführen, fände aber eine Diskussion darüber wichtig. Ich habe es satt, mich von

den Menschen in Afrika abzugrenzen, nur weil die hier dauernd Sprichwörter benutzen wie: ›schwarz wie ein N.[...], ›Du kannst dir einen anderen N.[...] suchen.‹

May: Das sehe ich auch so.

Und ich muss auch daran denken, dass meine hellere Hautfarbe ein Bonus war, als ich mit einem Schwarzen zusammen war. Vielleicht möchte ich deshalb jetzt lieber dunkler sein, auf diesen Bonus kann ich echt verzichten, darauf, dass die Leute mich schön und interessant finden, weil ich dunkel, aber nicht ganz dunkel bin. Zusammen mit ihm kam ich kaum in eine Disco rein, während ich alleine eine kleine exotische Attraktion bin. Auf der Straße wurden wir ganz ungeniert angestarrt, und ich habe mehr Bemerkungen als sonst mitbekommen. Die dachten ja auch, ich verstehe die Sprache nicht. Überhaupt habe ich die Umgebung viel feindlicher erlebt und mich stärker als Schwarze gefühlt.

Katharina: Du hast dich wohl auch mehr eingelassen als ich; ich empfand meine hellere Haut als Bonus, mit dem ich auch Afrikaner unterstützen konnte. Wollte ich mit einem Afrikaner in einer Disco oder in einem Lokal nicht blöd angeguckt werden, habe ich den Kellner gleich auf distanzierte Art in reinstem Hochdeutsch angesprochen. Wir wurden dann nicht mehr angemacht.

Laura: Ich habe mich mit Afrikanern und Afro-Deutschen immer ganz wohl gefühlt, da war ich nicht mehr allein die Ausnahme. Wenn ich mit weißen Freunden auf der Straße rumlaufe, werde ich von Kopf bis Fuß gemustert.

Wie begegnen wir uns?

Dagmar: Ihr habt mal erzählt, wenn afro-deutsche Frauen zusammentreffen, würde das Unsicherheit und vielleicht auch Konkurrenz bedeuten, vielleicht, weil ihr dann nicht mehr allein die Ausnahme seid. Ist das einer der Gründe, warum es bisher so wenig Kontakt unter Afro-Deutschen gibt?

Laura: Wenn ich auf der Straße Afrikanerinnen begegne, lächeln sie meistens offen und freundlich; ganz anders afro-deutsche Frauen, da kommt zuerst ein abschätzender Blick und dann vielleicht was anderes. Ich habe auch gemischte Gefühle, möglicherweise aus Konkurrenz, ich weiß es nicht. Bei Katharina ist es mir nicht so gegangen, das ist allerdings selten.

Katharina: Mich hast du aber auch ganz schön kritisch angeguckt.

Laura: Ja, ich war auch total verunsichert.

May: Ich fand dich auch ein bisschen cool.

Dagmar: Was hast du denn in der Situation gedacht?

Laura: »Ach, das ist die May! Die sieht ja auch ganz gut aus.«

Katharina: Diesen abschätzenden Blick gibt es ja überhaupt unter Frauen, ich weiß nicht, ob das der Grund ist, warum wir uns nicht gegenseitig ansprechen und kennenlernen. Mir fällt es leichter, zu farbigen Männern Kontakt aufzunehmen; da fällt die Konkurrenz in einer Gruppe weg. Als ich dich, Laura, kennenlernte, hatte ich auch ambivalente Gefühle, einerseits wollte ich mich dir gegenüber solidarisch zeigen, und andererseits dachte ich, wenn sie mich als Konkurrentin sieht, werde ich sauer und verhalte mich genauso.

Laura: In der DDR lernte ich auch farbige Frauen kennen, und es war immer viel schwieriger, mit ihnen zusammenzukommen als mit anderen. Zunächst wegen diesem gegenseitigen Abchecken, aber dann auch, weil uns andere oft verwechselt haben: »Ach, ihr seht doch alle gleich

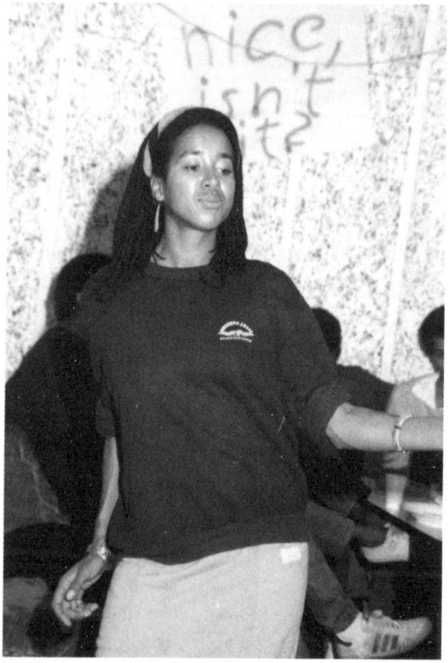

aus.« Die wollten einfach nicht zur Kenntnis nehmen, dass wir verschiedene Namen haben, verschiedene Frauen sind. Das ist mir oft passiert, vorwiegend mit Männern. Ich erinnere mich, dass ich lange mit einer farbigen Frau an der Volkshochschule war, die war so groß wie ich, ansonsten sahen wir uns nicht ähnlich. Wir wurden beide von unseren Bekannten mit dem Namen der anderen angesprochen, ich dachte, die spinnen alle. Zwischen der farbigen Frau und mir herrschte absolute Konkurrenz, es ärgert mich auch heute noch, wie das zwischen uns war. Ich kannte sie schon flüchtig, bevor wir in diese Klasse kamen. Irgendwann kamen wir auf einem Fest ins Gespräch und ich ließ mir ihre Adresse geben. Ich fragte sie, ob wir uns mal treffen könnten, aber sie hatte nie Zeit. Als wir dann zusammen in einer Klasse waren, bin ich wieder auf sie zugegangen. Sie hatte aber nichts Besseres zu tun, als Leute gegen mich aufzuhetzen und über mich herzuziehen. Anfangs wusste ich nichts anderes, als es genauso zu machen, bis ich mich schließlich rausgehalten habe.

Katharina: Es besteht kein Unterschied zwischen einer Feindschaft zwischen zwei weißen Frauen oder einer Schwarzen und einer weißen Frau.

Laura: Doch, denn Konkurrenz kannst du nur haben, wenn zwei sich ähnlich sind – und wenn's die Hautfarbe ist. Ich stehe nie in Konkurrenz zu weißen Frauen.

Katharina: Ich ständig. In der Schule z.B. empfand ich meine Hautfarbe als Vorteil, so wie andere meinetwegen sich gut ausdrücken, gut rechnen konnten. Dadurch kam es einfach zu Konkurrenz. Wenn ich afro-deutschen Frauen begegne, passiert etwas anderes: Da verspüre ich eine Anziehung, denke, wir könnten uns eigentlich was geben, und zum andern gehen wir aneinander vorbei. Ich erinnere mich an eine Balletttänzerin, die auch jeden Kontakt mit mir abblockte. Zuerst dachte ich, es läge daran, dass sie zwei Jahre älter ist oder einen ganz anderen Lebensstil hat. In Heidelberg bin ich eine Zeit lang auch immer wieder einer farbigen Frau mit faszinierend grünen Augen begegnet. Sie war immer sehr distanziert. Zu ihr traute ich mich nicht Kontakt aufzunehmen, aus Angst vor Konkurrenz.

Dagmar: Um was oder wen konkurrierst du denn?

Katharina: In erster Linie geht es um Zuneigung und Anerkennung, vielleicht auch um die eigene Identität.

May: Das kenne ich auch. Ich erinnere mich auch an eine farbige Frau, die ich unheimlich schön fand, und die ich mich nicht traute anzusprechen aus einer Mischung von Respekt und Unterlegenheitsgefühl. Mir kam in diesem Zusammenhang auch der Gedanke, dass ich meine Hautfarbe für einen Pluspunkt halte, zusätzlich zu dem, dass ich vielleicht wirklich gut aussehe.

Feindschaften mit afro-deutschen Frauen kenne ich keine, es gab auch keine in meinem Alter. An der Schule war ein vier Jahre jüngeres Mädchen; wir sind uns zwar öfter begegnet, haben uns aber nie angesprochen, obwohl ich das gerne getan hätte. Ich wollte sie nicht allein wegen ihrer Hautfarbe anreden, ich hätte das auch nicht gemocht. Weil ich zurzeit diese Interviews mache, habe ich sie neulich angesprochen, und es war dann auch ganz toll. Ich brauchte bei ihr einen Anlass, während ich sonst bei Menschen, die mir sympathisch sind, schon einen Weg finde. Dabei ist es total aufregend, afro-deutsche Frauen kennenzulernen. Neulich habe ich in einem Arbeitskreis zu Südafrika eine Südafrikanerin getroffen: Wir haben unheimlich viele Parallelen bei uns festgestellt, sie ist auch bei verschiedenen Pflegeeltern aufgewachsen, die meinen ziemlich ähnlich waren – wir waren beide ganz sprachlos und begeistert.

Wir wollen aus der Isolation heraus

May Ayim und John Amoateng-Kantara gehörten zu den ersten Mitgliedern der Gruppe ›Initiative Schwarze in Berlin‹. 1987 führten sie ein Gespräch mit der Zeitschrift AWA-FINNABA, *die inzwischen nicht mehr existiert.*

May: Wir nennen uns *Initiative Schwarze in Berlin* und sind Schwarze Deutsche, die sich ihrer Isolation bewusst sind und zusammenkommen wollen. In meiner Kindheit, die ich in einer weißen Pflegefamilie verbrachte, war ich die einzige Schwarze. In der Schule und später an der Uni in Bayern war ich auch allein. Hier in Berlin habe ich begonnen, andere Schwarze zu treffen, z.B. Nii und Martin (Mitgründer der Gruppe). Die Idee, uns zu organisieren, kristallisierte sich langsam heraus. Wir inserierten in Zeitungen und machten Mundpropaganda für unser Vorhaben. Es kamen etwa 30 Leute im Alter zwischen 14 und 28 Jahren. Unsere Gruppe besteht aus Afro-Deutschen (in der Mehrheit), Afro-Briten und sogar Afro-Russen.

Im Raum Frankfurt/Wiesbaden gibt es eine zweite Gruppe mit circa 20 Mitgliedern im Alter zwischen 30 und 40 Jahren. Wir haben zwar ähnliche Vorstellungen, aber sie nennen sich »Initiative Schwarze Deutsche«. Diese Gruppe gibt es jetzt seit zwei Jahren. Außerdem gibt es ein paar Leute in Aachen, Köln und Stuttgart, die sich organisieren.

John: In meinen Augen ist der Beweggrund für viele, unserer Gruppe beizutreten, ein emotionaler, nämlich das Bedürfnis, andere Schwarze Deutsche kennenzulernen. Bis jetzt lebten die meisten von uns in der Isolation. Uns fehlte eine diszipliniert arbeitende und engagierte Gruppe, die uns zusammenbringen konnte. Als Gruppe können wir dem Rassismus viel besser entgegentreten und uns schützen. Wir müssen eine Lobby schaffen, um unsere Belange in die Öffentlichkeit zu bringen und den Rassismus in Schach zu halten.

May: In dieser Gesellschaft sind wir von Marginalisierung betroffen. Ich weiß nicht, ob dies alle als Rassismus bezeichnen würden. Aber wir wollen etwas dagegen unternehmen. Wir haben es satt, immer die oder der einzige unter Weißen zu sein und unsere Gefühle ständig erklären zu müssen. Hier in Deutschland findet nämlich keine wirkliche Diskussion über Rassismus statt. Es wird von ›Ausländerfeindlichkeit‹ gesprochen, selten von Rassismus. Mit diesem langen Wort wird versucht, den tatsächlichen Grad und die Strukturen des Rassismus zu verschleiern. Die Leute sagen, dass Ausländerinnen anders seien als Deutsche: Sie sähen anders aus und hätten einen anderen religiösen oder kulturellen Hintergrund, z.B. türkische Menschen. In Bezug auf Schwarze Deutsche können sie so etwas nicht sagen. Gerne würden sie uns als Problem betrachten, nach dem Motto: Diese armen Afro-Deutschen. Sie sind ›Mischlinge‹, also haben sie Probleme. Wir haben aber mit unserer Hautfarbe gar kein Problem, erst die Gesellschaft macht es uns damit so schwer.

John: Es gibt ein bestimmtes Bild, ein falsches Bild, das sich die Gesellschaft von uns macht. Historisch betrachtet entstand dieses Bild, als es noch deutsche Kolonien in Afrika gab. Damals wurden Schwarze als koloniale Untertanen gesehen, und so werden sie in der heutigen Gesellschaft noch immer wahrgenommen. Wir versuchen, die bestehenden Bilder zu verändern.

May: Im vergangenen Dezember fand in Frankfurt am Main ein bundesweites Treffen von Afro-Deutschen statt. Zu den Themen der Diskussionsveranstaltungen gehörten: ›Das Bild Schwarzer in den Massenmedien‹, ›Erziehungsprobleme afro-deutscher Eltern‹, ›Der alltägliche Rassismus in Deutschland‹ und ›Entfremdungsgefühle‹.

Ich nahm an dem Workshop zur Stereotypisierung Schwarzer in den Medien teil. Solche Stereotype haben bei den meisten von uns irgendwann einmal eine Rolle gespielt. Zum Beispiel wird in der Schule von einem Schwarzen Kind erwartet, dass es in Sport, Musik und Tanz besonders gut ist. Diese Erwartungen werden dem Kind aufgezwungen, und manchmal führt das dazu, dass es dagegen rebelliert und möglicherweise niemals mehr etwas mit Sport oder Musik zu tun haben will, auch wenn es eigentlich Reggae liebt.

John: Es kommt darauf an, wie Eltern ihre Kinder erziehen. Einige Eltern begrüßten unseren Versuch, etwas zu ändern, und sicherten uns ihre Unterstützung zu. Andere sind eher skeptisch, weil sie sich nicht vorstellen können, was wir Vorhaben. Afro-deutsche Paare haben es nicht leicht. Jenen von uns, die nur bei ihrer weißen Mutter aufgewachsen sind, fehlt die Verbindung zu Afrika, denn die alleinstehenden Mütter haben meistens überhaupt keine Erfahrung mit dem Kontinent, und es ist ihnen nicht möglich, dem Kind seine afrikanischen Wurzeln bewusst zu machen.

May: Ich denke, das ändert sich von Generation zu Generation. In Berlin kann man inzwischen so viele Afro-Deutsche sehen. Die vorangegangene Generation bezeichnete man noch als ›Besatzungskinder‹. Diese Kinder trugen das Stigma, das Produkt der Vergewaltigung einer weißen deutschen Frau durch einen Schwarzen Soldaten und nicht einer Liebesverbindung zwischen ihnen zu sein.

Um auf die Bilder von Schwarzen Menschen zurückzukommen: Ich glaube, wir müssen unsere eigene Geschichte finden. Die meisten von uns in der Gruppe können sich nicht vorstellen, dass es auch während des Faschismus Schwarze Deutsche gab. Ich habe über Fasia Jansen gelesen, eine Afro-Deutsche aus Dortmund, die im Krieg gezwungen wurde, für die jüdischen Frauen in einem Konzentrationslager zu kochen. Um 1700 schrieb an der Universität Halle ein Schwarzer Student aus Ghana seine Abschlussarbeit für Jura über ›Die Rechte der Mauren in Europa‹. Und 300 Jahre später werden wir von der Gesellschaft immer noch wie exotische, seltsame Früchte behandelt. Wir müssen uns gegenseitig über unsere Geschichte informieren, da wir nicht alle auf demselben Wissenstand sind.

John: Marcus Garvey hat einmal gesagt: »Ein Volk, das von seiner Geschichte nichts weiß, ist wie ein Baum ohne Wurzeln.«

May: Natürlich ist es wichtig für uns, mehr über afrikanische Geschichte, progressive Schwarze Bewegungen und über den Kampf in Südafrika zu wissen. Man kann zwar darauf hinweisen, dass es große Schwarze Zivilisationen gab, dass Schwarze viel errungen und zum Fortschritt beigetragen haben, doch das wird am Status quo nichts ändern. Wir haben noch nicht die Macht, unsere Wünsche geltend zu machen.

Als Jugendliche reiste ich einmal nach Kenya und war erstaunt, dass AfrikanerInnen mich dafür bewunderten, dass ich fast weiß war. Durch kolonialistisch geprägte Filme und Werbung wird dasselbe verzerrte Bild von Schwarzen Menschen auch nach Afrika exportiert. Das hat einen Einfluss darauf, wie AfrikanerInnen sich selbst wahrnehmen. Als Kind hat man mir irgendwie beigebracht, weiß sein zu wollen. Das afrikanische Kind wird ebenfalls dazu gebracht, diesen Wunsch zu hegen. Kinderbücher, die die stereotypen und rassistischen Vorstellungen von Schwarzen Menschen verbreiten, werden in Europa gedruckt, übersetzt und in Ländern der sogenannten Dritten Welt vertrieben. Dahinter steckt Geld. Rassismus überschreitet Ländergrenzen und überquert Ozeane, um die kulturelle Dominanz Europas auszuweiten.

Eistorte à la Hildegard

Für ein kleines Fest oder einfach so

In dem Sammelband Aus aller Frauen Länder, *der 1989 erschien, geht es um Frauen, Essen und die Geschichten, die sich damit verbinden. May Ayim schrieb hierfür eine Rezept-Geschichte.*

Eis essen ist noch immer eine meiner Lieblingsbeschäftigungen; der genussvolle Inbegriff einer Fantasiekombination von angenehmen Empfindungen und Erinnerungen, zusammengesetzt aus Sonnenschein und Frühlingsduft, guter Laune und Gelassenheit.

Im Sommer kaufe ich mir dann und wann ein Softeis und denke dabei immer daran, wie sehr meine Pflegeeltern damals – und heute wahrscheinlich immer noch – dagegen waren, dass wir Kinder solches Eis essen. »Man weiß nie, ob die Geräte regelmäßig und gründlich kontrolliert werden. Tausend Krankheiten könnt ihr euch holen, wenn ihr dieses Chemiezeug esst, und schmecken tut es doch außerdem auch nicht.«

Die Warnungen klangen halbwegs glaubhaft, aber sie überzeugten nicht, und außerdem schmeckte es eben doch! Nur, dass ich es irgendwann nicht mehr über die Lippen brachte, den so heißgeliebten Schokoladenüberzug zu bestellen, weil es mir peinlich war, einen ›EisN.[...]‹ oder ›EisM.[...]‹ zu verlangen. Diese Bezeichnungen hat es früher nicht gegeben, sie wurden erst im Laufe der Jahre eingeführt, und sie verdarben mir den Appetit. Schließlich war ich selber Schwarz, und ich kannte den Begriff N.[...] nur zu gut als beleidigenden Ausdruck, an dem auch dann irgendwas nicht stimmte, wenn er gedankenlos geäußert wurde. Nein, danke, gerade beim Eisessen wollte ich keinen üblen Beigeschmack. Erst sehr viel später wagte ich, gegen diese rassistischen Benennungen laut zu protestieren, wobei ich mit meinem Protest auf wenig Verständnis stieß und stoße – noch immer werden diese Begriffe vermarktet, wird Rassismus schmackhaft gemacht.

In Kindertagen jedenfalls waren der Kauf und der Genuß von Softeis ein kleines Ritual, das dem Schulweg Vorbehalten war. Eine winzige, streng geheime Tat, ein 50-Pfennig-Wagnis, das außer nach Vanille oder Erdbeer auch nach Widerstand und Unabhängigkeit schmeckte. Sozusagen doppelt und dreifach gut, aber immer auch ein klein wenig schlechtes Gewissen hinterließ und die Besorgnis, nun vielleicht doch von einer der furchtbaren Krankheiten heimgesucht zu werden.

Gingen wir hingegen mit unserer Mutter in die Stadt, gab es Eis aus einer der italienischen Eisdielen. Vorausgesetzt natürlich, das Wetter war gut und unsere Mutter war nicht gerade – wie leider viel zu oft – über uns oder anderes verärgert. War also in jeder Hinsicht eitel Sonnenschein, dann konnten wir es vielleicht sogar riskieren, um eine Kugel mehr zu feilschen. Wenn ich mich von der Erinnerung zurücktragen lasse, sehe ich unsere vergnügten Kindergesichter, die mit höchster Anstrengung und emporgerecktem Hals und Körper versuchen, die Eissorten in den Glasvitrinen zu erspähen und ihre Namen zu entziffern.

Als ich 18 Jahre alt wurde und zu Hause nach wie vor nur mühsam eine kleine Geburtstagsfeier durchsetzen konnte, sodass ich am Ende kaum noch Lust hatte zu feiern, überraschte mich meine Freundin Hildegard mit einer Einladung zum Kaffeetrinken. Wir feierten meinen Geburtstag und unsere Freundschaft mit einer Eistorte, die sie selbst zubereitet hatte. Ein kleines Fest unter Freundinnen.

Das ist nun schon so viele Jahre her. Selten habe ich seither einen Kühlschrank mit funktionierendem Eisfach besessen. Ebenso selten habe ich seither Hildegard wiedergetroffen. Längst leben wir nicht mehr am gleichen Ort, und unsere gemeinsamen Erlebnisse gehören weitgehend der Vergangenheit an. Und dennoch, wenn wir uns sehen, haben wir uns immer noch viel zu geben und zu erzählen, und auch das Rezept für die Eistorte ist über die Jahre nicht in Vergessenheit geraten. Ich freue mich, dass ich es weitergeben kann. Ein gutes Gelingen der Eistorte ist fast garantiert, denn die Zubereitung erfordert weder viel Fingergeschick noch komplizierte Rechnerei. Mit etwas Liebe und Fantasie lässt sie sich zu einer kleinen Besonderheit für festliche Anlässe schmücken. Ansonsten ist sie einfach lecker und leichter verdaulich als eine dicke Cremetorte, wenn auch nicht unbedingt gesünder oder kalorienärmer. Aber vielleicht kommt es darauf mal nicht so an!?

Das Rezept für die Eistorte:

Biskuitboden:

2 Eier
2 Essl. Wasser
80 g Zucker oder Honig
100 g Mehl
1 Teel. Backpulver
etwas Zitrone

Die Zutaten in einer Rührschüssel mischen und den Biskuitboden in einer gefetteten Tortenbodenform, bei mäßiger Hitze (150°, Gas Stufe 2–3) ca. 10 Minuten backen.

Füllung:

4 Eiweiß steif schlagen und kühl stellen
4 Eigelb
1 Vanillinzucker
2 Becher Sahne mit Sahnesteif schlagen
2 Essl. Rum
1 Tafel Bitterschokolade raspeln

Erst die Eigelbe mit dem Vanillinzucker schaumig rühren und den Rum hinzufügen. Dann die geschlagene Sahne, anschließend die geraspelte Schokolade und zum Schluss auch den Eischnee unterheben. Die Füllung auf dem abgekühlten Biskuitboden verteilen und die Torte im Eisfach ca. 4 Stunden gefrieren lassen.

Viel Spaß und Genuss beim Verzehr!

Eine der anderen

›Wie erleben Frauen den Kontinent Afrika?‹ war Thema des Reisebuches Schwarzafrika der Frauen, *das 1989 erschien. May Ayim schrieb ihren Beitrag für den Teil ›Auf Vaters Spuren – Afrodeutsche Frauen‹.*

1986 war ich drei Monate in Ghana, dem Geburtsland meines Vaters. Nachdem ich bei deutschen Pflegeeltern aufgewachsen war, sprach ich natürlich kein Wort Twi oder eine der anderen Landessprachen, war vielmehr froh, mich mit meinen Englischkenntnissen einigermaßen kommunikationsfähig zu fühlen.

Je näher der Tag der Abreise rückte, desto stärker wurden meine Zweifel, ob ich mich genügend auf die Reise vorbereitet hatte. Wie viele Medikamente sollte ich mitnehmen, warme Kleidungsstücke, Geschenke, Kontaktadressen?

Ich war froh, als ich endlich am Flughafen stand. Die Hin- und Herüberlegerei hatte mich am Ende dazu gebracht, nur ein Minimum von allem mitzunehmen (was ich später auch nicht zu bereuen hatte). Die Gepäckwaage zeigte elf Kilogramm, inklusive Jugendherbergsschlafsack, Moskitonetz und dem einzigen warmen Pullover für kühle Stunden. In der Tat war es trotz Regenzeit fast immer heiß. Auch die wenigen Regenfälle brachten immer nur für kurze Zeit Abkühlung.

Ich hatte mich für einen Teil der Reise einer internationalen Workcamp-Organisation angeschlossen, die in Verbindung mit einer ghanaischen Organisation Projekte zur Förderung der sozialen und ökonomischen Strukturen in ländlichen Gebieten durchführt. Nach einiger Zeit stellte ich fest, dass viele der Projekte zwar in guter Absicht eingeleitet wurden, jedoch irgendwann unvollendet brachlagen. So gab es einige angefangene Schulbauten und Anpflanzungen, um die sich nach Workcamp-Ende niemand mehr gekümmert hatte. Neben der Knappheit von Rohstoffen, Werkzeugen und Baumaterialien ist meine einzige

Erklärung dafür, dass die Dorfbewohner, also die eigentlich gemeinten Nutznießer der Vorhaben, zu wenig in die Planung einbezogen waren. So kamen viele Projekte nur in Absprache mit wenigen Eingeweihten und Verantwortlichen in Gang und liefen so lange, wie die unterstützenden Organisationen von außerhalb Workcamper und Geld schickten.

Natürlich boten die Arbeitsaufenthalte in verschiedenen Dörfern für die europäischen Camper und auch für mich eine einzigartige Gelegenheit, mit Ghanaern über gemeinsames Arbeiten und Wohnen in intensiven Kontakt zu kommen. Ebenso empfanden es auch viele Ghanaer als positiv, Europäern nicht nur im Vorübergehen und als konsumierenden Touristen zu begegnen. Trotzdem wäre es Selbstbetrug zu behaupten, dass wir durch unseren Arbeitseinsatz der wirtschaftlichen und sozialen Entwicklung Ghanas dienlich gewesen seien. Summa summarum bleibt das Gefühl, zumindest keinen großen Schaden angerichtet zu haben, und die Erinnerung an den guten Willen, den Urlaub sinnvoll, nicht nur faulenzend, gestaltet zu haben.

Für mich stand nicht so sehr der Arbeitseinsatz im Vordergrund. Schon gar nicht war ich mit helferischen Absichten nach Ghana gefahren oder mit dem Wunsch nach Erholung und Abwechslung. Vielmehr wollte ich die Wurzeln meiner afrikanischen Herkunft erkunden, das Leben des Landes erspüren, in dem ich ebenso wie in der Bundesrepublik – vielleicht besser? – hätte aufwachsen können.

Aber ich bin nicht in Ghana aufgewachsen. Und wenn ich mich auch äußerlich unbeobachtet und unhinterfragt im Straßenbild bewegen konnte – ein angenehmer Kontrast zu meinem Alltag in deutschen Städten –, so war es mit der Unbeschwertheit spätestens dann vorbei, wenn ich den Mund zum Sprechen öffnete: Eine Schwarze Deutsche?! Eine Schwarze Frau, die in einer weißen Familie aufgewachsen ist?

In der Tat unterschieden sich die Fragen, die mir immer wieder gestellt wurden, nicht allzusehr von denen in Deutschland. Allerdings gab es einen gravierenden Unterschied: Zwar wurde ich von vielen Ghanaern schnell als weiße Europäerin betrachtet, nicht selten sogar als ›White Lady‹ bezeichnet, niemand kam jedoch auf die Idee, mich nicht trotzdem als Ghanaerin zu akzeptieren. Nicht nur, dass niemand meinte, darauf hinweisen zu müssen, ich gehörte unbedingt nach Deutschland, nein, viele bedankten sich, dass ich die weite Reise angetreten hatte, um mein afrikanisches Erbe zu ergründen, und drückten ihre Hoffnung aus, dass ich eines Tages vielleicht für immer bliebe.

Mir kam diese Freundlichkeit einerseits selbstverständlich vor, ganz einfach durch die Aufrichtigkeit, mit der sie geäußert wurde, zugleich war sie wie ein Geschenk, etwas völlig Außergewöhnliches. Wie oft wird doch in meiner deutschen ›Heimat‹ von mir verlangt, dass ich mich von ›Ausländern‹ und ›Ausländerinnen‹ abgrenze, um auf dem Wohn- und Arbeitsmarkt konkurrenzfähig, d.h. gleichberechtigt mit weißen Deutschen zu sein. Ich müsste im Grunde ständig versuchen, so ›weiß‹ wie möglich und so ›exotisch‹ wie nötig zu erscheinen, um in der Gesellschaft, in der ich geboren und aufgewachsen bin, akzeptiert zu werden. Nicht so in Ghana. Ich war und fühlte mich eindeutig fremd, mit Heimweh und allem, was dazugehört, aber ich fühlte mich nie abgelehnt, unerwünscht, fehl am Platz.

Wenn ich darüber mit Menschen in Ghana ins Gespräch kam, waren die meisten verblüfft und entsetzt zu hören, dass es in der Bundesrepublik Diskriminierung gegen Schwarze gibt.

»Aber warum denn? Du bist doch eine von ihnen, und was uns betrifft, so geht es den Weißen doch gut hier. Wir bevorzugen sie sogar, weil sie Gäste sind und sich hier nicht auskennen.«

Ich konnte dem nicht widersprechen. Ich hatte während meines Aufenthalts viele Situationen erlebt, in denen Weiße aus einer Reihe Wartender herausgeführt worden waren, um beim Fahrkartenverkauf als erste bedient zu werden. Eine Gastfreundlichkeit, die mich als Beobachterin beinahe beschämte, von denen, denen sie entgegengebracht wurde, jedoch meist als selbstverständlich aufgenommen, wenn nicht erwartet wurde.

Nein, ich hatte keine plausible Erklärung für die Hartnäckigkeit von Rassismus in der Bundesrepublik. Die Einzigen, die berechtigten Grund zu Feindlichkeit und Vorurteilen haben, sind die von jeher Ausgegrenzten und Ausgebeuteten. Es gibt für mich nicht viel mehr zu sagen, als dass Rassismus dazu dient, die mit dem Verstand nicht zu rechtfertigenden Unrechtsverhältnisse zu legitimieren. Diejenigen schlecht und klein zu machen, zu deren Lasten die Macht der anderen geht. Dass in Ghana nur wenige Informationen über das Leben und die Situation von Schwarzen in der Bundesrepublik verbreitet sind, liegt wahrscheinlich mit an den hochgesteckten Erwartungen, die den Rückkehrern entgegengebracht werden. Diesen Erwartungen zufolge muss es in Europa einfach großartig, ja nahezu paradiesisch sein. Wie kommt es sonst, dass fast alle Europäer in Ghana reich sind? Selbst arbeitslose Weiße können es sich leisten, ihr Land für mehrere Wochen oder gar Monate zu verlassen, um in Ghana Urlaub zu machen.

Es ist der verständliche Traum von vielen Leuten in Ghana, für einige Zeit nach Europa zu gehen, um dort zu arbeiten, mit dem verdienten Geld eine Existenz in Ghana aufzubauen und die Familie zu unterstützen.

Ein Ghanaer, der zu Besuch kommt und sagt, dass es ihm schlecht geht in Deutschland, dass er oder sie nicht in der Lage ist, noch weitere Familienmitglieder nachzuholen, ihnen Ausbildung oder Lebensunterhalt in Ghana zu finanzieren, erscheint unglaubwürdig. Er muss versagt haben oder ist vielleicht durch die Abwesenheit der Familie eigennützig geworden und hat nun nur noch das eigene Wohl im Auge.

Dabei ist zu bedenken, dass oft die ganze Familie seine Ausreise ermöglichte, denn mit einem durchschnittlichen Gehalt kann sich im Grunde niemand jemals ein Ticket nach Europa leisten. Wie schwer es ist, die Erwartungen und damit verbundenen Hoffnungen zu enttäuschen, habe ich bereits an dem Tag erlebt, an dem ich die Familie meines Vaters besuchte.

Ein im Grunde ungeplanter, spontaner Besuch, der sich auf dem Hintergrund ergab, dass fast alle, denen ich erzählte, dass mein Vater aus Ghana ist, sich erboten, mir bei der Suche nach meinen Verwandten behilflich zu sein. Ich war mir keineswegs sicher, ob ich überhaupt Kontakt zu einem der Familienmitglieder wollte, zumal ich meinen Vater kaum kannte und er schon lange nicht mehr in Ghana lebte.

Wie würde seine Familie also auf mich reagieren? Wer von ihnen wusste überhaupt von meiner Existenz?

Schließlich bot mir jemand an, unverbindlich ein paar Informationen über meine Familie einzuholen, da sie nicht weit von seinem Heimatort zu leben schien. Als ich den Mann zwei Wochen später wiedertraf, erzählte er mir:

»Ich habe meine Hausaufgabe erledigt. Von einem Arbeitskollegen weiß ich, dass er aus der Gegend kommt, aus der dein Vater stammt. Und siehe da, als

Mit Stiefmutter Elsie Seyena Ayim und Bruder Hiavor Ayim, Nairobi 1986 © privat

ich ihn fragte, stellte sich im Gespräch heraus, dass er ein Onkel von dir ist. Ich fuhr mit ihm gleich zu deinem Großvater und kann dir nun mit Stolz mitteilen, dass dich dein Großvater freudig erwartet. Und nicht nur er und seine Familie sind auf deinen Besuch gespannt, sondern das ganze Dorf trifft Vorbereitungen. Ich habe angekündigt, dass du am nächsten Wochenende erscheinen wirst.«

Ich weiß, dass ich versuchte, dankbar zu lächeln, während mich gleichzeitig leises Entsetzen beschlich. Die scheinbar harmlosen Erkundigungen hatten mir jede Entscheidungsmöglichkeit aus der Hand genommen.

»Ganz bestimmt werden sie eine Kuh oder eine Ziege für dich schlachten.«

»Sie werden sich alle freuen und dich gleich überreden dazubleiben.«

»Die Ewes verfügen über sehr viel Zauberkraft, dafür ist ihr Stamm bekannt. Sie werden sicher versuchen, dich gleich dazubehalten. Außerdem werden sie sehr stolz sein, dass du aus Deutschland gekommen bist, um deine Verwandtschaft zu besuchen. Du wirst so viele Geschwister, Cousinen, Cousins, Tanten und Onkel kennenlernen, dass du nie mehr Grund haben wirst, dich allein zu fühlen. Vielleicht findest du sogar einen Mann dort.«

So und ähnlich klangen die halb ernst, halb scherzhaft gemeinten Prophezeiungen, die mich auf den Weg in die Volta-Region begleiteten.

Ich erinnere mich, dass ich meinem Großvater, auf Bitten meines Vaters, vor etwa zehn Jahren ein Foto von mir zugesandt hatte. Mein kurzer Brief und das Bild lösten eine Verwirrung aus, die sich erst Monate später beheben ließ. Ich hatte nämlich meinem Großvater eines der drei Fotos geschickt, auf denen ich zusammen mit meinem Vater abgebildet bin. So

May mit ihrem Großvater Reuben Ansah Ayim in Avenui 1986 © privat

erhielt er ein Bild, auf dem ich drei Jahre alt war, was dazu führte, dass er mich fortan für eine kleine Schwester von mir hielt. Dementsprechend hieß es in seinem Antwortbrief, er habe zwar von der großen, nicht aber von mir, der kleinen Tochter gehört. Wie auch immer, er halte die Arme offen für den Tag unserer Ankunft in seinem Haus.

Da stand ich nun also vor meinem Großvater. Er war inzwischen achtzig Jahre alt, ich sechsundzwanzig. Als ich sein Haus betrat, kam er, wie damals im Brief angekündigt, mit ausgebreiteten Armen auf mich zu und umarmte mich, als wäre ich eine seiner liebsten Enkelinnen. Welch ein Glück!

Ich bekam an dem Tag, den ich mit ihm zusammen verbrachte, tatsächlich mehr Verwandte zu sehen, als ich mir hätte träumen lassen. Die Älteste unter ihnen war weit über hundert Jahre alt und die Mutter der verstorbenen Großmutter.

Ich war tief beeindruckt, über Nacht Mitglied meiner Großfamilie geworden zu sein. Den ganzen Tag war ich mit Begrüßen und Begrüßtwerden beschäftigt.

Nachdem ich die Reise zu meinen Verwandten angetreten hatte, versprachen nun einige von ihnen, mich im Gegenzug in Deutschland zu besuchen. Daran konnte ich nur zum Teil mit Vorfreude denken. In Ghana hätte ich bei allen Leuten, die ich kennenlernte, und erst recht bei den Verwandten, so lange wohnen können, wie ich wollte, ohne dass irgend jemand daran Anstoß genommen hätte. In Berlin wohnte ich nicht mal in meiner eigenen Wohnung legal, und ich fragte mich ernsthaft, was die Nachbarn sagen und vor allem unternehmen würden, wenn für mehrere Wochen ghanaische Verwandte bei mir ein und aus gingen. Es war mir schon unangenehm, mir vorzustellen, wie die Leute auf der Straße reagieren, wenn sie nach dem Weg gefragt werden. Wahrscheinlich würden auch meine Besucher in einem solchen Falle mit dem üblichen »immer geradeaus, dann rechts, dann links, und hinter der Ampel fragen Sie noch mal« konfrontiert werden, während ich in Ghana immer ein Stück des Weges begleitet worden war. Plötzlich kam mir meine deutsche Umgebung so lieblos und unkommunikativ vor. Doch ich behielt meine Gedanken für mich; ich wusste ja nicht einmal, wie ich sie verständlich machen konnte.

Als ich mich verabschiedete, zwinkerte mir mein Großvater liebevoll zu und schaute zugleich ernst und erwartungsvoll, als er sagte, ich solle nicht so viel an Deutschland denken, lieber an ihn, an Ghana und ein bisschen von dem Licht zurückbringen, das die Weißen aus Afrika fortgetragen haben.

Ich war und bin nicht sicher, was sich von dem Glanz zurücktragen lässt, und was sich daraus machen ließe, hier wie dort.

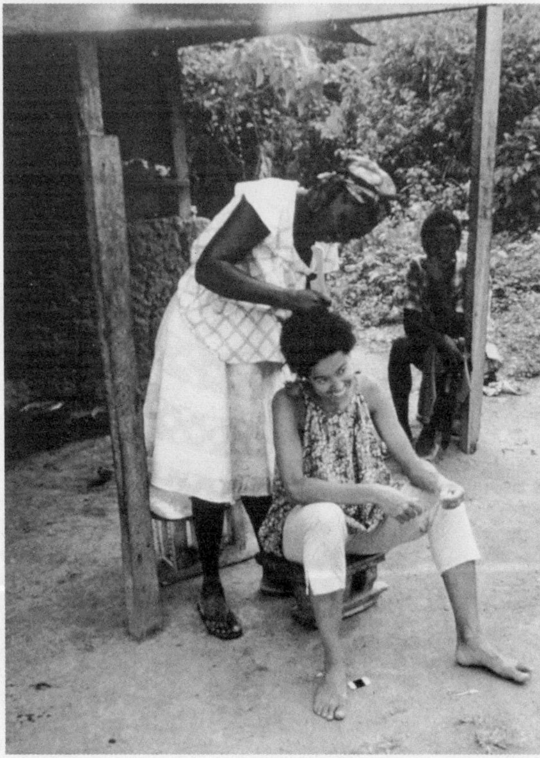
Ghana 1986

Ethnozentrismus und Geschlechterrollenstereotype in der Logopädie

Zum Abschluss ihrer Ausbildung zur Logopädin legte May Ayim 1989 eine Hausarbeit vor, in der sie zum einen Ethnozentrismus und Geschlechterrollenstereotype in den logopädischen Lehr- und Übungsmaterialien untersuchte; zum anderen setzte sie die in der Arbeit entwickelten Ansätze in einer Sprachtherapie mit zwei Kindern praktisch um und dokumentierte sie hier. Bei dem Folgenden handelt es sich um einen bearbeiteten Auszug aus der Arbeit.

Kommunikationsstörungen in der Migration

Als LogopädInnen sind wir – ebenso wie Angehörige anderer therapeutischer Berufe – für die PatientInnen wichtige Bezugs- und KommunikationspartnerInnen. Es ist hinlänglich bekannt, dass der Erfolg einer Therapie nicht nur vom Fachwissen der TherapeutInnen abhängig ist, sondern in nicht zu unterschätzendem Maße auch davon, ob das Beziehungsverhältnis zwischen TherapeutIn und PatientIn geeignet ist, den therapeutischen Prozess in Gang zu setzen und zu tragen. Hat eine Patientin beispielsweise starke Vorbehalte gegen die Therapeutin, oder ist umgekehrt die Therapeutin von der Aussichtslosigkeit der Therapie überzeugt, dann kann die zunächst unbegründete Einstellung im Sinne einer sich selbst erfüllenden Voraussage wirken, wie sie in der Psychologie als ›self-fulfilling prophecy‹ beschrieben wird: Die ursprünglich falsche Annahme setzt ein Verhalten in Gang, durch das sich die Ausgangshypothese bewahrheitet. Die These der Patientin: »Die Therapie ist zwecklos« führt also unter Umständen dazu, dass schon kleine Misserfolge oder Missverständnisse von ihr überbewertet werden, zu einer Einbüßung des Vertrauens führen und einen Rückzug bewirken, der schließlich auch mit therapeutischen Interventionen kaum noch aufgehalten werden kann. Stellt die Therapeutin wiederum fest, dass ihre Ratschläge und Maßnahmen wenig Gehör und Beachtung finden, dass sich die Patientin trotz bestem Bemühen schnell angegriffen fühlt und wenig Bereitschaft zur Mitarbeit zeigt, dann schwinden im ungünstigsten Falle auch auf ihrer Seite Motivation und Anteilnahme, sodass der Satz: »Die Therapie ist zwecklos« allmählich tatsächlich zu einer wahren Aussage wird.

Bislang sind mir keine Forschungsarbeiten bekannt, in denen eigens der Einfluss ethnisch-kultureller Faktoren und Vorurteile in der therapeutischen Arbeit untersucht wurde. Durch Gespräche und Diskussionen von LogopädInnen und Angehörigen anderer Sprachheilberufe ist mir zunehmend bewusst geworden, dass die Tatsache, dass eine wachsende Zahl von ImmigrantInnen (sprach-)therapeutische Hilfe in Anspruch nimmt, alle Beteiligten vor Fragen und Probleme stellt, wie ich sie z.B. auf einer Veranstaltung der *Deutschen Gesellschaft für Sprachheillehrer* (DGS) mitnotierte:

> Wie kann ich in meiner therapeutischen Arbeit erfolgreich sein, wenn das Kind kaum Deutsch spricht und es auch mit den Eltern nur wenig Kommunikationsmöglichkeiten gibt?
>
> Was ist zu tun, wenn die Eltern mit der Einleitung einer Sprachtherapie die Vorstellung verbinden, ihrem Kind werde damit der Zukunftsweg in der deutschen Gesellschaft verbaut?

Ich war überrascht und fand es erschreckend, mit welch massiven Ängsten und Vorbehalten so manche ausländischen Eltern der (logopädischen) Sprachtherapie gegenüberstehen und gegenüberstehen müssen. Bislang gibt es kaum Materialien, die z.B. in türkischer Sprache den Beruf der LogopädInnen vorstellen – einen Beruf, den es in der Türkei in dieser Form nicht gibt. Es gibt so gut wie keine Informationsmaterialien über die Möglichkeiten und Grenzen sprachtherapeutischer Einflussnahme sowie über die möglichen Ursachen und Zusammenhänge, die beim Auftreten von Sprachstörungen infrage kommen. Auch die wenigen Befundbögen, die in deutscher und türkischer Sprache verwendbar sind, wurden auf Eigeninitiative einzelner TherapeutInnen entwickelt und sind nur einem kleinen Kreis praktizierender LogopädInnen und SprachtherapeutInnen zugänglich.

Dieses Informationsdefizit steht in starkem Kontrast zu der Fülle an Broschüren, Kurzinformationen und Buchmaterialien in deutscher Sprache, allein schon für Eltern stotternder Kinder. Wie auch im Bereich der schulischen Versorgung offenbart der Informations- und Kommunikationsmangel, dass bei der Anwerbung von ausländischen Arbeitskräften seit Mitte der 50er- bis Anfang der 70er-Jahre deren Verbleib in der BRD einfach nicht einkalkuliert wurde und dementsprechend auch keine vorbereitenden Maßnahmen in dieser Hinsicht getroffen wurden. So heißt es in einer Dokumentation, herausgegeben vom Minister für Arbeit, Gesundheit und Soziales des Landes Nordrhein-Westfalen:

> »Der vorgenannte Zeitabschnitt ist die Phase einer ungehemmten Expansion der Ausländerbeschäftigung. In dieser Phase bestimmten rein wirtschaftliche Interessen das Ausmaß der Anwerbung und damit den Umfang der Ausländerbeschäftigung. Die Folgewirkungen der Hereinnahme einer großen Zahl ausländischer Arbeitskräfte wurden nicht eingeplant und blieben vollkommen unberücksichtigt.«[1]

Die in der BRD und Westberlin zu verzeichnende wachsende Ausländerfeindlichkeit, die sich auch bei den letzten Wahlen in einem verstärkten Zulauf der rechtsextremen Parteien niederschlug, lässt verständlich werden, dass z.B. manche türkischen Eltern hinter der Einleitung einer Sprachtherapie böse Absichten wittern. In der bundesdeutschen Gesellschaft, in der Leistung zu den höchsten Werten zählt, erscheint ihnen möglicherweise die Notwendigkeit therapeutischer Fürsorge als erstes Anzeichen für Hinderungen in der Erfolgslaufbahn ihres Kindes. Dies umso mehr, wenn aufgrund mangelnder Aufklärung und Informationsmöglichkeiten den Eltern nicht klar wird, warum die Sprachstörung nicht einfach durch eine Vergabe von Medikamenten zu heilen ist und/oder sie gleichzeitig nicht an die Wirksamkeit einer therapeutischen Behandlung glauben, die ohne Medikamente auskommen will. Hieraus kann sehr leicht die Vorstellung erwachsen, therapeutische Maßnahmen oder auch die Überweisung in Sondereinrichtungen seien eine Taktik ›der Deutschen‹, um ›die unerwünschten Ausländerinnen‹ in gesellschaftlich unterprivilegierte Positionen zu bringen und dort zu halten.

1 Minister für Arbeit, Gesundheit und Soziales (Hg.): *Leitlinien der Landesregierung NRW zur Ausländerpolitik,* Düsseldorf 1981, S. 21.

Ich erinnere mich an eine Sprachtherapeutin, die sehr ausführlich beschrieb, wie sehr sie sich im Falle eines türkischen Ehepaares bemühte, ihnen die offensichtlich schwere Sprachstörung ihres Kindes begreiflich zu machen und sie für eine Sprachtherapie zu motivieren.

Aus der Sicht der Logopädin mag die uneinsichtige Haltung der Eltern zunächst absurd und verantwortungslos anmuten, es ist jedoch zu bedenken, dass wir als SprachtherapeutInnen in einer ganz anderen Ausgangssituation sind und eine sehr viel mächtigere gesellschaftliche Position innehaben: Die meisten ausgebildeten oder in der Ausbildung befindlichen LogopädInnen sind weiß, deutsch und sprechen die Sprache der Mehrheit. Ich selbst bin als Afrikanisch-Deutsche in dieser Gesellschaft aufgewachsen und bislang bestimmt eine der wenigen Schwarzen SprachtherapeutInnen. Diese Tatsache fordert mich zwangsläufig und auf sehr direkte Weise auf, mich mit ethnisch-kulturellen Faktoren und Vorurteilen in meiner Umgebung und meiner Funktion als Therapeutin auseinanderzusetzen. So ist es mir z.B. schon öfter passiert, dass Leute es »amüsant« finden, dass »eine wie ich« die Sprache von Deutschen therapiert. Das Bemerkenswerte an diesem stets wiederkehrenden Erstaunen ist, dass es auch dann auftritt, wenn von vornherein klar ist, dass ich in der BRD geboren und aufgewachsen bin.

Ich betrachte die Tatsache, dass ich in der BRD einer bislang kaum wahrgenommenen Minderheit angehöre, in gewisser Weise als vorteilhaft für meine therapeutische Arbeit, denn der als selbstverständlich hingenommene Status von Mehrheit und Dominanz kann allzu leicht in eine Haltung von Arroganz und ungerechtfertigtem Überlegenheitsdenken führen. Damit soll allerdings nicht gesagt werden, die Minderheitenposition bringe es in jedem Fall mit sich, dass der eigene Handlungsspielraum immer wieder als relativ begriffen wird.

In der Arbeit mit ImmigrantInnen, egal ob erst seit Kurzem in der BRD oder schon seit Generationen hier lebend, müssen wir uns als LogopädInnen immer wieder bewusst machen, dass die unterschiedlichen Erfahrungen, die Deutsche und tatsächliche oder vermeintliche ›Ausländerinnen‹ in dieser Gesellschaft machen, auch in der therapeutischen Kommunikations- und Beziehungsstruktur ihren Niederschlag finden (können) und dass es aufgrund der Machtunterschiede zwischen Therapeutin und Patientin zu einem großen Teil an uns als Therapeutin liegt, ob wir die unterschiedlichen Erfahrungen, Ängste und Sichtweisen konstruktiv nutzen oder aber außer Acht lassen, beiseite schieben und deren Nutznießer oder deren Opfer werden. Es ist kein Geheimnis, dass sich viele LogopädInnen scheuen, ImmigrantInnen, insbesondere TürkInnen, zu behandeln. Dies bestimmt nur zu einem geringen Teil aufgrund von Vorurteilen und Ressentiments, sondern vermutlich viel häufiger aus Unsicherheit und Unkenntnis, Gründen, denen bislang in der Aus- und Fortbildung von LogopädInnen und verwandten Berufen kaum Rechnung getragen wird.

Hier verdient das Arbeitsprojekt *Kommunikationsstörungen in der Migration* (KOMI) Erwähnung, das in Zusammenarbeit der Fachhochschule für Sozialarbeit und Sozialpädagogik Berlin mit der *Berliner Gesellschaft türkischer Mediziner* getragen wird. Alle psychosozialen Angebote und Aktivitäten können von den ausländischen InteressentInnen kostenlos in Anspruch genommen werden. Bisher gibt es in diesem Rahmen:

- eine Selbsthilfegruppe für kommunikationsgestörte TürkInnen
- eine Trainingsgruppe für ausländische Stotterer
- eine Sprechstunde für türkische Eltern sprachbehinderter Kinder
- eine Arbeitsgruppe türkischer Frauen
- Fortbildungen, die sich an Fachkräfte in der psychosozialen Arbeit mit MigrantInnen richten.

Bei einer Projektvorstellung berichtete der Leiter Prof. Dr. Wendlandt auch von den persönlichen Erfahrungen, die für ihn als erfahrenem Psychologen und Therapeuten mit dem Aufbau der Trainingsgruppe für ausländische Stotterer verbunden waren. So beschrieb er es als wichtiges Erlebnis, die eigene Position als Angehöriger einer gesellschaftlichen Mehrheit in der Therapiegruppe in einem neuen Licht zu erleben. Dazu gehörte z.B. die Erfahrung, innerhalb der Therapiegruppe der einzige Deutsche zu sein.

Solche Erfahrungen zeigen in meinen Augen deutlich, wie unterschiedliche Vorerfahrungen, Erwartungen und Ängste in einer Therapiegruppe aufgegriffen und genutzt werden können. So erzählte Herr Wendlandt, dass einer der Teilnehmer, von einem Urlaub aus der Türkei zurückgekehrt, das Rezept seines dortigen Arztes zur Kurierung des Stotterns vorstellte. Die Verordnung bestand aus einem umfangreichen Katalog von Verhaltensanweisungen, von denen mich zunächst keine an die mir vertrauten Behandlungsmethoden des Stotterns erinnerte. So sollte der Patient z.B., nachdem er mit Wasser gegurgelt hatte, von einem Bein auf das andere hüpfen und dabei sprechen.

Anstatt – was ebenso denkbar gewesen wäre – den eigenen Behandlungsansatz als den einzig erfolgversprechenden darzustellen und die dafürsprechenden Argumente vor Augen zu führen, forderte Herr Wendlandt alle Mitglieder der Therapiegruppe auf, das vorgestellte Behandlungskonzept auszuprobieren. Durch Erprobung und Beschreibung der Erfahrungen konnten alle Gruppenmitglieder erleben, worin der Erfolg dieser Art von Stotterbehandlung lag und wo sich Grenzen abzeichneten. Tatsächlich reduzierte sich die Stottersymptomatik durch Ablenkung der Konzentration vom Stottern auf die Begleitbewegungen (rhythmisches Hüpfen), und das Gurgeln vorab wirkte zusätzlich begünstigend im Sinne der Lösung muskulärer Verspannungen im Mund-Hals-Kieferbereich. Anschließend konnte verglichen werden, inwiefern andere Stotterkonzepte ähnliche Übungen beinhalten und/oder auf welche andere Weise der Einsatz von Körperbewegungen und mundmotorischen Übungen für die Stotterbehandlung genutzt werden könnte.

An einem anderen Tag wurde in dieser Therapiegruppe die in der Literatur überlieferte Praxis des bekannten griechischen Redners Demosthenes erprobt, der sein Stottern therapierte, indem er mit Kieselsteinen im Mund sprach. Ganz unerwartet zeigten sich nur einige Teilnehmerinnen bereit, das Experiment durchzuführen. Der Grund dafür war, dass an diesem Tag der Fastenmonat Ramadan begonnen hatte und die Glaubensvorschrift besagt, dass während des Tages nichts in den Mund genommen werden darf. Das Problem ließ sich spontan und unkompliziert lösen, indem die nicht-moslemischen Teilnehmerinnen den ›Kieselstein-Versuch‹ sofort durchführten und ihre Beobachtungen beschrieben und die anderen die vorbereiteten Steine für einen Versuch zu späterer Stunde mit nach Hause nahmen.

Die Erfahrungen von Herrn Wendlandt sind beispielhaft dafür, dass ethnisch-kulturelle Verschiedenheit nicht nur als ›Problem‹ oder mögliche ›Barriere‹ gesehen, sondern in viel stärkerem Maße als Quelle für neue Erfahrungen und Lernchancen begriffen werden kann.

Das adäquate Einbeziehen kulturell bedingter Unterschiede im Auftreten und im Umgang mit Krankheiten kann nicht nur in der Logopädie, sondern natürlich auch in der Psychotherapie zum Behandlungserfolg führen und zur Infragestellung der als universell praktikabel angesehenen Behandlungsmethoden. In dem Buch *Vom heimatlosen Seelenleben,* herausgegeben von Antonio Morten, schildert z.B. E. Blanco Cruz den Fall eines spanischen Patienten, der wegen Potenzstörungen zur psychotherapeutischen Behandlung kam und an der Erklärung festhielt, er sei ›verhext‹ worden.

> »Nun hatte sich bei Herrn P das Aggressionsziel verlagert. Zeichen der Niedergeschlagenheit bzw. der Resignation waren ihm nicht mehr anzumerken, vielmehr äußerte er die Absicht, in einem Racheakt ›diese Frau‹, die ›ihm das Gift in den Kaffee hineingetan hatte‹, umzubringen. Die Situation spitzte sich zu, und unsere Versuche, Herrn P. davon abzuhalten, erschienen uns wirkungslos. Daraufhin beschlossen wir, auf ihn bzw. sein heimisches Interpretationssystem einzugehen, und gaben ihm gegenüber zu, dass wir das ›Gegengift‹ kennen. Man könne es jedoch –so unsere Erklärung – nicht gegen Rezept in der Apotheke erhalten, sondern es müsse zunächst ›bestellt‹ werden, weil es individuell vorbereitet werden *muss*...
>
> Es ging uns darum: Indem wir dem Patienten ein ›Gegengift‹ geben, erhalten wir die Möglichkeit, in seine Vorstellungswelt und sein Denksystem bezüglich der Gesundheit und des menschlichen Verhaltens einzusteigen. Damit sollte der Patient vor uns das Gefühl erhalten, dass wir seine Gedankenwelt akzeptieren, dass wir ihn mit seinen durch die eigene Kultur geprägten Verhaltensweisen verstehen.
>
> Unser System der Auseinandersetzung mit Leid oder Krankheit erschien ihm nicht vertrauensvoll genug, es gab ihm nicht die nötige Ruhe, das nötige Vertrauen, die Hoffnung seine Angst zu bewältigen, von der er befallen war und die möglicherweise seine Potenzstörung verursacht hatte.«[2]

Um voneinander lernen zu können, müssen die Beteiligten sich die anfängliche Unsicherheit zugestehen, die mit jedem Schritt in eine neue

---

2 E. Blanco Cruz: »›Zum Teufel‹ mit der anstaltspsychiatrischen Ausgrenzung von Fremdheit«, in: Antonio Morten (Hg.): *Vom heimatlosen Seelenleben. Entwurzelung, Entfremdung und Identität,* Bonn 1988, S. 146f.

Lernsituation verbunden ist, und sich ihr stellen. Dies setzt voraus, dass zunächst die Möglichkeit und die Bereitschaft hergestellt wird, den Anderen/die Andere wirklich als wertvolle Kommunikationspartnerin/ wertvollen Kommunikationspartner wahrzunehmen, Unbekanntes zuzulassen und eigene Selbstverständlichkeiten infrage zu stellen.

Wie sieht es in dieser Hinsicht mit unseren logopädischen Lehr- und Übungsmaterialien aus? Wo und wie schaffen sie Zugangsmöglichkeiten zu unterschiedlichen Erfahrungswelten, und an welchen Stellen wird durch den Einsatz von Sprache und Bild Ausgrenzung und Diskriminierung – insbesondere von ethnisch-kulturellen oder Geschlechtsunterschieden – gestützt oder gar hervorgerufen?

Stereotype in logopädischen Lehr- und Übungsmaterialien

Ein Blick in die gängigen Lehrmaterialien zeigt, dass bisher kaum darüber nachgedacht wurde, ob Begriffe, Bilddarstellungen oder Redewendungen Menschen außereuropäischer Herkunft diskriminieren und/ oder Rollenstereotype in Bezug auf Mädchen und Jungen bzw. Männer und Frauen festschreiben. Dies ist um so erstaunlicher, als es sich bei der Logopädie doch um einen Beruf handelt, der sich mit Störungen der Sprache und der Kommunikation im weitesten Sinne beschäftigt und dabei immer die Gesamtpersönlichkeit des Menschen und seine Beziehungen zur Außenwelt ins Auge fassen muss. Das Defizit ist vielleicht durch die stark medizinische Ausrichtung des logopädischen Berufsbildes zu erklären, damit jedoch wohl kaum zu entschuldigen, zumal auch einige der medizinischen Begriffe dazu beitragen, Menschen in abschätziger Weise zu stereotypisieren.

So finden sich, um nur ein Beispiel zu nennen, im vielverwendeten Fachbuch *Phoniatrie und Pädaudiologie,* herausgegeben von P. Biesalski und F. Frank[3], Begriffe wie ›Hottentottismus‹.

Mit ›Hottentotte‹ ist die holländische Bezeichnung für eine partielle Sprachauffälligkeit – nämlich das Stottern[4] – zum Etikett für eine südafrikanische Volksgruppe geworden und darüber hinaus zum

3 Bielsalski, P./Frank, F.: *Phoniatrie – Pädaudiologie,* Stuttgart-New York 1982.

4 Vgl. DTV-Lexikon: Hottentotten (holländisch *hotentots* ›die Stotterer‹); Jaenecke, H. schreibt: »Sie nannten sich *Khoikhoin*, aber die Europäer gaben ihnen wegen der

Schimpfwort schlechthin[5]. Den Begriff führten die holländischen Buren ein, um damit die Sprache und die Kultur der so bezeichneten Menschen für abnorm zu erklären. Heutzutage weiß kaum jemand um die ursprüngliche Bedeutung des Wortes ›Hottentotte‹, wohl alle bringen es inzwischen automatisch mit AfrikanerInnen in Verbindung. Auch im holländischen Sprachgebrauch ist ›Hottentotte‹ inzwischen für die ethnische Volksgruppe der Nama reserviert. Das holländische Wort für Stottern entspricht dem deutschen Wort.

Die Geschichte des Begriffs spiegelt sich in der Umschreibung des Krankheitsbildes ›Hottentottismus‹ wider:

> »Beim sogenannten ›Hottentottismus‹ ist die Sprache ganz unverständlich, doch bestehen dabei wohl immer zugleich Agrammatismus, geringe sprachliche Diktion und sogar eine Einschränkung sprachlichen Denkens.«[6]

Ich fühle mich an einen Aufsatz von D. Dabydeen und N. Wilson-Tagoe erinnert, in dem die Autoren aufzeigen, wie mit der Kolonialisierung Schwarzer Völker deren Ausschluss von der Zivilisation gleichermaßen durch ihre sogenannten ›primitiven Bräuche‹ wie durch das angebliche Fehlen oder die Verkümmerung ihrer Sprache begründet wurde, und dass die so abgesprochene Menschlichkeit ihre Ausbeutung und Versklavung rechtfertigte.

> »[...] aufgrund von Sprache wurden Schwarze Menschen von der Definition von Zivilisation ausgeschlossen und außerdem Opfer eines Genozids. Frühe Reisebücher über Afrika beschrieben gleichzeitig die primitiven Gewohnheiten der Eingeborenen und das Fehlen von Sprache. 1634 äußerte Sir Thomas Herbert die Vermutung, daß sich AfrikanerInnen und Affen begatteten, der Beweis dafür sei die afrikanische Sprache, die ›eher wie die von Affen als von Menschen [klingt][...]. Ihre Sprache hat eher eine äffische als eine gegliederte Grundlage‹.

---

abgehackten Sprechweise den Namen ›Hottentotten‹.« Jaenecke, H.: *Die weißen Herren,* S. 22.

5 »Wenn es einem irgendwo nicht paßt, dann darf man immer noch von ›Hottentottenwirtschaft‹ reden, und eine Musik, die einem mißfällt, kann man ungestraft als ›Hottentottenmusik‹ abtun.« Schütt, P.: *Der Mohr hat seine Schuldigkeit getan.« – Gibt es Rassismus in der Bundesrepublik?,* Dortmund 1981, S. 26.

6 Biesalski, P./Frank, F.: *Phoniatrie-Pädaudiologie,* Stuttgart-New York 1982, S. 135.

Im achtzehnten Jahrhundert, das sowohl das Zeitalter der Sklaverei als auch das des Wörterbuchs war, wurden solche Ansichten über AfrikanerInnen aufrechterhalten, und die Verbindung von Barbarei und dem Fehlen von Sprache deutlich herausgestellt. Im Mai 1712 beschrieb der *Spectator* (Nr. 389) Hottentotten als ›Barbaren, die in jeder Hinsicht kaum eine Stufe über den Tieren stehen, denn sie haben keine gemeinsame Sprache, abgesehen von einem verwirrten Gebrabbel, das weder sie selbst noch andere besonders gut verstehen.«[7]

Angesichts der Begriffsgeschichte des Wortes ›hottentott‹, in deren Verlauf eine Abweichung von der Norm innerhalb der eigenen Sprachgemeinschaft zum Negativ-Etikett einer afrikanischen Volksgruppe wurde, ist es unverantwortlich, das Wort ›Hottentottismus‹ nach wie vor als scheinbar neutralen Fachbegriff zu verwenden, der eine Sprachstörung mit Einschränkung des sprachlichen Denkens kennzeichnen soll. Dies um so mehr, als das Wort ›Hottentotte‹ in der ethnologischen Zuordnung noch immer benutzt wird.

Ebenfalls diskriminierend ist die Bezeichnung einer speziellen Lautverwechslung als Chinoanismus, da diese Bezeichnung an das altbekannte Stereotyp anknüpft, demzufolge alle Chinesen angeblich das *r* wie *l* sprechen.[8]

Auch mit Mongoloidismus[9] wird weiterhin ein Krankheitsbild mit Menschen außereuropäischer Herkunft und Erscheinung in Verbindung gebracht.

Der Appell, bestimmte Begriffe umzudeuten oder nicht mehr zu verwenden, bedeutet mehr, als über Art und Verwendung einer Bezeichnung nachzudenken. Er beinhaltet darüber hinaus die Forderung, die Haltung gegenüber bisher diskriminierten Personen oder Personengruppen zu verändern.

Es lässt sich meines Erachtens nicht unbeschwert mit Begriffen umgehen, die durch soziale Entwicklungen und Auseinandersetzungen zu Schimpfworten und Beleidigungen geworden sind. So wehren sich

---

7 Dabydeen, David und Wilson-Tagoe, N.: *A Reader's Guide to West Indian and Black British Literature,* London 1988, S. 165. (Übersetzung aus dem Englischen von Ekpenyong Ani)

8 Siehe Biesalski, P./Frank, E: *Phoniatrie-Pädaudiologie,* Stuttgart-New York, S. 139.

9 Ebenda, S. 126.

Frauen mit Recht dagegen, ›Weiber‹ genannt zu werden, und Schwarze fordern seit der Black-Power-Bewegung, die Bezeichnung N.[...] nicht mehr zu verwenden, da sie ein symbolischer Ausdruck der Versklavung und Geringschätzung Schwarzer Menschen ist. Stattdessen steht die Bezeichnung Schwarz zur Verfügung, AfrikanerIn oder die kulturelle Zuordnung mit dem Zusatz ›Afro‹ (z.B. Afro-Amerikaner, Afro-Brasilianer oder auch Schwarze Amerikaner, Schwarze Deutsche ...).

Gerade der umgangssprachliche Gebrauch des Wortes N.[...] macht seinen versteckten Gehalt deutlich, so z.B. der Ausspruch: ›Ich bin doch nicht dein N...‹ (Handlanger, Diener, Sklave).

Für Kinder ist jeder neu gelernte Begriff zunächst eine neutrale Bezeichnung, aber sie lernen im Laufe ihrer Sozialisation sehr bald, dass sich mit der Wortwahl ausdrücken lässt, ob ich jemand mag oder nicht, und bevor sie dies bewusst erfassen, erspüren sie die versteckten Vorbehalte und Ressentiments, die sich hinter den Begriffen verbergen:

> »Wenn ich z.B. mit den Kindern im Kindergarten spielte, dann war ich die gute Tante, aber sobald ich irgendwelche Forderungen, die sie nicht mochten, an sie stellte, war ich plötzlich ein N.[...]
> Dann riefen sie: ›He, he, he. Du bist ein N.[...] .!‹«[10]

Ich erinnere mich an das Video einer Kinder-Stimmtherapie an der logopädischen Lehranstalt in Berlin, wo die Therapeutin dem Kind mehrere Male das Wort ›Mohrenkopf‹ vorspricht und dieses Wort nachsprechen lässt, um über den Nasallaut *m* den Stimmklang zu verbessern. Der Gebrauch des Wortes ›Mohrenkopf‹ ist gedankenlos im Sinne von ›nicht bös' gemeint‹, und dennoch stützt er eine Haltung, die Schwarze zum Objekt macht.

Ebenso verhält es sich mit dem Spielvorschlag »Die N.[...] spielen mit Trommeln im Busch«, den die Psychologin und Logopädin Nitza Katz-Bernstein in ihrem Buch *Eine kombinierte Spieltherapie und logopädische Übungstherapie*[11] ausführt.

---

10 Erfahrungen einer Frau aus Kamerun, die in Deutschland lebt, zitiert nach Fremgen, Gisela: ... *und wenn du dazu noch schwarz bist. Berichte schwarzer Frauen in der Bundesrepublik,* Bremen 1984, S. 37.

11 Katz-Bernstein, Nitza: *Eine kombinierte Spieltherapie und logopädische Übungstherapie für stotternde Kinder zwischen 7 und 12 Jahren*, hrsg. vom Logopädischen Zentrum des Schulamtes der Stadt Zürich 1984.

Berlin © privat

In beiden Fällen wird eine Bezeichnung benutzt und weitergetragen, die Schwarze diskriminiert, wobei der genannte Spielvorschlag nicht gerade einen realitätsnahen Zugang zu Menschen afrikanischer Herkunft eröffnet, sondern im Gegenteil auf ein altbekanntes Stereotyp zurückgreift.

Der sichtbare Ausdruck von Wertschätzung und Achtung ist in der therapeutischen Situation besonders wichtig. Betrachten wir unsere Therapiematerialien, dann wird deutlich, dass Minoritäten dort nur sehr selten sichtbar werden. Geschieht dies in stereotyper und diskriminierender Form, dann fällt die Negativ-Beachtung um so schwerer ins Gewicht, zumal, wenn ihr auch außerhalb des Kontextes Therapie kaum etwas entgegengesetzt wird.

Es geht in meinen Augen darum, die Unvoreingenommenheit von Kindern so aufzugreifen, dass sie nicht zu Gedankenlosigkeit führt, sondern zu einem positiven Bewusstsein für Unterschiedlichkeit und Vielfalt, einem Bewusstsein, das nicht in Arroganz und Abwehr mündet. Durch den reflektierten Gebrauch von Sprache lassen sich viele Verletzungen vermeiden und zugleich auf einfache Art und Weise Signale setzen, die das Aufeinanderzugehen erleichtern, indem sie dem Gegenüber zeigen, dass er oder sie respektierend wahrgenommen wird. Ich halte es für sinnvoll und wichtig, vorbelastete und stigmatisierende Begriffe umzudefinieren oder zu vermeiden und stattdessen bewusst den Gebrauch von Wörtern und Bildern zu fördern, den die Betroffenen fordern und die ein sichtbar positives Entgegenkommen bedeuten.

So fände ich es begrüßenswert, wenn der Begriff der ›Behinderung‹ eine Neuformulierung erfahren würde, ähnlich wie ich sie im letzten Jahr bei einem USA-Aufenthalt kennenlernte. Meine dortigen

Gesprächspartnerinnen redeten nicht von *disabled* oder *handicapped*, sondern von *challenged* (herausgefordert).

Statt die Einschränkungen und das dadurch Unabänderliche zu betonen, rückt so das Herausfordernde, das Entwicklungsfähige in den Mittelpunkt der Betrachtung und somit auch viel eher des Selbstkonzepts.

Zusammenfassung und Ausblick

Berufsbild und Ausbildung von LogopädInnen sind sehr stark medizinisch ausgerichtet. Diese Tatsache spiegelt sich in Konzeption und Auswahl logopädischer Lehr- und Übungsmateriahen. Da sich das Augenmerk in erster Linie auf die vorliegende (Sprach-)Symptomatik richtet und vergleichsweise wenig auf die psychosozialen Bedingungszusammenhänge, innerhalb derer sie zum Tragen kommt, weisen Lehr- und Übungsmaterialien die entsprechenden Mängel auf:

Die Betrachtung und Einbeziehung von Menschen außereuropäischer Kulturen steht überwiegend unter dem Vorzeichen des Ethnozentrismus, d.h.: Menschen aus außereuropäischen Kulturkreisen kommen entweder überhaupt nicht vor, oder sie werden bildlich oder begrifflich in herabwürdigender Art und Weise dargestellt. So gibt es beispielsweise in Artikulationsmaterialien häufig unter Buchstabe ›N‹ Bilddarstellungen von Schwarzen. Auf diese Weise wird es nahegelegt, die Bezeichnung N.[...], die Schwarze in aller Regel ablehnen, (weiter) zu vermitteln.

Auch vermeinlich neutrale, medizinische Fachbegriffe transportieren zum Teil diskriminierende Botschaften, so z.B. der Fachterminus ›Hottentottismus‹ zur Bezeichnung einer Sprachstörung mit einhergehender Einschränkung des sprachlichen Denkens.

Viele der Bilddarstellungen – besonders in Materialien für Kinder – sind zudem stark stereotypisierend, was die Rollenzuweisungen für Mädchen und Frauen, Jungen und Männer betrifft. Immer wieder sind Jungen und Männer die aktiven, Mädchen und Frauen die passiven Akteure. Die solchermaßen geschlechtsspezifische Beeinflussung wirkt sich besonders auf die Mädchen ungünstig aus, denn sie beschränkt sie stark in ihren Erfahrungs- und Entfaltungsmöglichkeiten. Mädchen und Frauen aus ethnisch-kulturellen Minderheitengruppen sind somit

Ethnozentrismus und Geschlechterrollenstereotypen in vielschichtiger Verknüpfung ausgesetzt.

Die Nicht- bzw. mangelnde Beachtung der sozialen Realität ethnisch-kultureller Minderheiten in den Lehr- und Übungsmaterialien wirkt sich auf die Therapiesituation aus. Angesichts wachsender Ausländerfeindlichkeit und Rassismus ist es notwendig, die Aspekte multikulturellen Zusammenlebens in Ausbildungs- und Berufssituation zu thematisieren und zu diskutieren und auch in der TherapeutIn-PatientIn-Interaktion zu berücksichtigen. Sprachliche und kulturelle Verschiedenheiten werden gegenwärtig allzu oft als unüberwindbare Barrieren gesehen, viel zu selten als Quelle für Lernchancen und Zugangsmöglichkeiten zu neuen Erfahrungen.

Auch sogenannte ›alternative‹ Materialien berücksichtigen bislang zu wenig den Aspekt, dass Menschen gerade durch Verschiedenheit und Unterschiede voneinander lernen können. Grundsätzlich lässt sich beobachten: Da, wo Menschen aus sogenannten ›Dritte-Welt‹-Ländern dargestellt werden, sind sie fast nie Mitmenschen in der Bundesrepublik, sondern wohnen in anderen Ländern und Kontinenten und werden in Abgrenzung von den eigenen ethnisch-kulturellen Lebens- und Ausdrucksformen gezeigt. Ebenso wie die Rede von der ›Integration‹ der ›Ausländerinnen‹ oft auf eine einseitige Anpassungsforderung an die ›Anderen‹ hinausläuft, werden hier die außereuropäischen Menschen auf Armut und Hilfsbedürftigkeit reduziert und nur selten als Mitmenschen gesehen, von deren Lebensformen (weiße) Europäer einiges übernehmen könnten.

Die wenigen Materialien, die ethnisch-kulturelle Vielfalt präsentieren, sind nur zu einem geringen Teil geschlechtsneutral in ihren Rollenzuweisungen an Mädchen und Frauen bzw. Jungen und Männer. Umgekehrt zeigen (Bilder-)Bücher und Spiele, die den letztgenannten Aspekt berücksichtigen, nur selten das Zusammenleben von Menschen verschiedener Nationalität und Herkunft.[12]

12 Bürger-Ellermann, Heike: »Schonraum Kindheit? Die soziale Realität von Kindern im Spiegel gegenwärtiger Bilderbuchproduktion« In: Jens Thiele (Hg.): *Bilderbücher entdecken. Untersuchungen, Materialien und Empfehlungen zum kritischen Gebrauch einer Buchgattung.* Oldenburg 1985, S. 21 und 22.

Die Kritik muss erweitert werden: Nur wenige der herkömmlichen (Bild-)Materialien werden der vielschichtigen sozialen Realität von Kindern gerecht. Üblich sind ›Heile-Welt-Darstellungen‹, die wenig Anknüpfungsmöglichkeiten an den tatsächlichen Alltag und die damit verbundenen Ängste, Wünsche und Hoffnungen von Kindern bieten. Insbesondere Kinder – und auch Erwachsene – mit psychosozial bedingten Sprach- und Stimmstörungen erleben ihren Erfahrungsbereich nicht als ›heil‹ und ›intakt‹. Therapiematerialien könnten dazu beitragen, die subjektiv empfundene und objektiv vorhandene Situation von Patientinnen offenzulegen. Sie könnten somit LogopädInnen beispielsweise helfen, weiterführende Maßnahmen einzuleiten bzw. überhaupt erst deren Notwendigkeit zu erkennen (z.B. bei sexuellem Kindesmissbrauch, massiven Kontaktstörungen).

Angesichts der Material(not)lage musste ich mich bei der zum Abschluss der Ausbildung durchgeführten Therapie auf einzelne thematische Aspekte beschränken. Mit wenigen Hilfsmitteln entwickelte ich Ideen zu einer Dysgrammatismusbehandlung unter der Überschrift *Menschen aus aller Welt – hier und anderswo* und setzte sie praktisch um. Die Therapien haben den beiden Kindern und, – was nicht unwichtig ist – auch mir viel Spaß bereitet. Ich denke, dass es mir gelungen ist, Aspekte des Lebens von Menschen in und aus außereuropäischen Kulturen als gleichberechtigt einzubeziehen und dabei gleichfalls auf die individuellen (Sprach-)Schwierigkeiten einzugehen, ohne die Gesamtpersönlichkeit des jeweiligen Kindes aus dem Auge zu verlieren.

Dass ich die Therapie mit einem afrikanisch-deutschen und einem weißen deutschen Kind durchführen konnte, ergab sich als ein glücklicher Umstand, der nicht vorgeplant war. Denn ebenso wie es für Jungen und Männer wichtig und nützlich ist, geschlechtsspezifische Sozialisationsmuster zu überwinden, ebenso wünschenswert und bereichernd ist es meines Erachtens für weiße Mädchen und Jungen bzw. Frauen und Männer, ethnozentrische Sicht- und Verhaltensweisen wahrzunehmen und abzubauen. In diese Richtung zielen auch einige Vorschläge bzw. Forderungen, die ich abschließend formulieren möchte:

1. Insbesondere Ausbildungsfächer wie Psychologie, Pädagogik und Soziologie sollten die psychosozialen Zusammenhänge in Bezug

Brasilien 1990
© D. Schultz

auf Ursachen und Behandlungsmöglichkeiten von Sprachstörungen thematisieren.

2. Angehörige ethnisch-kultureller Minderheiten sollten gezielt für die Logopädieausbildung geworben und bei gleicher Qualifikation bevorzugt aufgenommen werden.
3. Fachleute und Betroffene aus Bereichen der psychosozialen Versorgung von ImmigrantInnen, Personen mit (Sprach-)Behinderungen sowie im Bereich der Erziehungsberatung und anderer Fürsorgeeinrichtungen sollten in verstärktem Maße für Aus- und Fortbildungsangebote angesprochen und in diese einbezogen werden.

Es wundert mich nicht, dass ich mit dem Thema dieser Arbeit bisher ›allein auf weiter Flur‹ stehe. Trotzdem und gerade deshalb wehre ich mich gegen die erhobenen Vorwürfe, die Aspekte dieser Arbeit seien »Randprobleme« oder »gänzlich außerhalb der Logopädie«, seien

»exotisch« oder die »Thematisierung meiner persönlichen Schwierigkeiten«. Diese Vorhaltungen bestimmten die Vorzeichen, unter denen ich diese Arbeit geschrieben habe und meine Ausbildung abschließen werde.

Tatsache ist, dass aus meiner Sicht viele Mängel in Ausbildung und Berufsausübung festzustellen sind und dass Veränderungen bisher sehr stark der Eigen- und Einzelinitiative überlassen sind. Welche persönlichen Konsequenzen ich aus dieser Erkenntnis ziehen werde, weiß ich noch nicht. Diese Arbeit war und ist jedenfalls einer der gelungenen Versuche, meiner Unzufriedenheit mehr als nur Resignation entgegenzusetzen.

Es wäre mir sicherlich nicht möglich gewesen, diese Arbeit anzufertigen, wenn ich mich nicht schon längere Zeit mit Themen des Rassismus und Sexismus beschäftigt hätte, wenn ich nicht auf Erfahrungen meines Pädagogikstudiums hätte zurückgreifen können und immer wieder auf Freundinnen, die mich ermutigten. Darunter nicht zuletzt die starken Frauen in meinem Ausbildungskurs.

Hanni und Nanni in der Lehranstalt

Die Ausbildung in einem Frauenberuf

Davon, wie Frauen zusammenarbeiten, handelt der Essayband Glück, Alltag und Desaster, *der 1993 herausgegeben wurde. May Ayim schrieb über ihre Erfahrung in der Logopädieausbildung.*

Als Kind ermahnten mich Erwachsene, mich um einen guten Schulabschluss zu bemühen und einen Beruf zu ergreifen, bei dem meine Hautfarbe kein Hindernis sei und den ich notfalls auch in Afrika ausüben könne. Sie legten mir nahe, mich an die klassischen Frauenberufe zu halten. Mit 16 Jahren bewarb ich mich erfolgreich um eine Ausbildung als Krankenschwester, die ich nach dem Abitur aufnehmen wollte. Ein Studium konnte ich mir damals nicht vorstellen, obwohl mich LehrerInnen dazu ermutigten. In unserer Verwandtschaft gab es dafür keine Vorbilder, und auch im Bekanntenkreis galten Studierte, sogenannte ›Intellektuelle‹, als besserwisserische ›Theoretiker‹, die sich von den wirklichen Problemen des Lebens und den ›einfachen Leuten‹ fernhielten. Kurz nach dem Abitur verließ ich, nach vorausgegangenem Streit, mein pflegeelterliches Zuhause und war damit plötzlich vor die Aufgabe gestellt, mein Leben neu zu ordnen und meine Existenz zu sichern. Da ich in dieser Zeit der Verwirrungen und Umbrüche meine Ausbildung nicht aufnehmen konnte, schrieb ich mich mangels einer Alternative dann doch an der Universität ein, und zwar für den Studiengang Erziehungswissenschaften. Zu Beginn war das Studium für mich mit Unsicherheit und Angst verbunden, meine grundlose Hochachtung vor dem Lehrpersonal und Unterlegenheitsgefühle gegenüber KommilitonInnen verschwanden allerdings schnell. Es beschlich mich alsbald das quälende Gefühl, nicht zu wissen, warum und was ich da eigentlich studiere. Mir fehlte der Praxisbezug, der Weg in die Arbeitslosigkeit schien vorgezeichnet. Die vergebliche Suche nach einem Praktikumsplatz dämpfte bereits in den ersten Semestern meine Motivation und Zuversicht. In der *Pfennigparade* beispielsweise, einer Einrichtung für Körperbehinderte in München, hatte mir die Dame beim Vorstellungsgespräch gesagt: »Wir sind nicht grundsätzlich dagegen, dass sie in unserer Einrichtung ein Praktikum absolvieren, aber Sie müssen Verständnis dafür haben, dass wir in Ihrem Fall mit den zu Betreuenden zunächst ein Vorgespräch führen müssen.« Wo fangen Sonderbehandlung und Diskriminiermig an? Bei einer punkigen Frisur, einem fremden Akzent? Wie dunkel darf die Hautfarbe sein, damit sie nicht als exotisch oder bedrohlich empfunden wird? Meine KommilitonInnen und auch Freunde und Freundinnen reagierten beschwichtigend auf meine Empörung und ließen mich mit meiner Enttäuschung allein: »Du wirst schon etwas anderes finden«, sagten sie. Nach weiteren Niederlagen suchte ich mir einen Praktikumsplatz im Ausland und hospitierte schließlich in einer Beratungsstelle in Kenya.

1986 schloß ich mein Studium ab und begann ein Jahr später eine dreijährige Ausbildung zur Logopädin. Ich freute mich auf intensives Lernen in einem praxisbezogenen Unterricht und darüber, dass unser Klassenverband nur zehn Kursteilnehmerinnen umfassen sollte. Im Studium hatte ich mich nur mit Mühe an den anonymen Universitätsalltag gewöhnt, in dem selbst längeres Fernbleiben auch von den DozentInnen nur selten bemerkt und beachtet wurde. Ich stellte mir vor, dass wir Studierenden im verbindlichen Rahmen der Logopädieausbildung über die Fachinhalte hinaus über persönliche und politische Standpunkte diskutieren.

Am ersten Ausbildungstag fühlte ich mich in den Tag meiner Einschulung zurückversetzt. Statt Kinder nun erwachsene Frauen, die sich nervös beäugten, unsicher und beinahe schüchtern erste Gespräche miteinander suchten. Einige hatten bereits studiert, zuvor eine andere Ausbildung absolviert und waren berufstätig gewesen. Die jüngste war 20 Jahre alt, die älteste Mitte 30.

Die Anstaltsleitung und das Lehrpersonal boten in der Einführungsveranstaltung das für Frauenberufe typische Bild: Hinter der Schulleitung verbarg sich ein Mann, die Personen, die sich als ›Lehrlogopäden‹ bezeichneten, waren allesamt Frauen. Die leitende Lehrlogopädin teilte uns mit, dass sich auch ein männlicher Bewerber für unseren

Ausbildungsgang interessiert hatte, der sich jedoch leider nicht mehr gemeldet habe. Sie brachte unmissverständlich zum Ausdruck, dass Männer, sofern sie sich überhaupt für die Logopädie interessieren, bei gleicher Qualifikation bevorzugt angenommen werden. Der Grund für das geringe männliche Interesse an dem gefragten Mangelberuf, in dem auf zehn Ausbildungsplätze im Durchschnitt 1.000 Bewerbungen kommen, sind die geringen Verdienstaussichten. Eine Kursteilnehmerin berichtete, dass einem Freund im Beratungsgespräch beim Arbeitsamt vom Beruf des Logopäden abgeraten wurde, er sei zwar anspruchsvoll und vielseitig, das Einkommen reiche jedoch nicht aus, um eine Familie zu ernähren. So etwas hatte keine von uns Frauen zu hören bekommen. Bezeichnendeiweise wusste kaum eine Kursteilnehmerin über die Verdienstmöglichkeiten in unserem Beruf Bescheid. Alle ließen sich bei der Berufswahl ausschließlich von inhaltlichen Kriterien leiten und waren auf der Suche nach einer ›befriedigenden‹ bzw. ›sinnvollen‹ Beschäftigung gewesen. Die Möglichkeit, sich später mit einer eigenen Praxis selbstständig machen zu können, erschien auch mir verlockend. Außerdem war ich froh, nun eine Ausbildung aufzunehmen, die mir nicht offensichtlich den Weg in die Arbeitslosigkeit ebnete.

In der sogenannten Lehranstalt verbrachten wir Tag für Tag mehrere Stunden auf der Schulbank; nebeneinander aufgereiht, den Blick nach vorne gerichtet. Man nannte uns ›Studierende‹, de facto waren wir Schülerinnen. Jede versäumte Unterrichtsstunde wurde im Klassenbuch festgehalten, ein Limit an Fehltagen zu überschreiten konnte die Ausbildung vorzeitig beenden. Zuspätkommen wurde nicht nur von Lehrpersonen, sondern insbesondere von einigen Mitstudierenden mit streng hochgezogenen Augenbrauen registriert und mit stichelnden Bemerkungen quittiert. Besonders diejenigen, die gerade erst die Schulbank hinter sich gelassen hatten, taten sich schwer, den vorgegebenen hierarchischen Strukturen eigenen Willen und persönliche Bedürfnisse entgegenzusetzen oder es zumindest zu dulden, wenn sich andere gegen Verordnungen oder Reglementierungen auflehnten. Gegenüber einem gemeinsamen Gegner bewiesen wir einander Unterstützung, aber selbst in solchen Momenten war es schwierig, wirklich gemeinsam zu handeln. Es war z.B. kaum möglich, sich darauf zu einigen, wer in unbeliebten Fächern den Unterricht besuchen und für die anderen die wichtigen Er-

gebnisse protokollieren sollte. Diejenigen, die Angst hatten, inhaltlich Wichtiges zu versäumen, kamen meist trotz Absprachen regelmäßig zum Unterricht und weigerten sich zugleich, ihre Unterlagen denen zur Verfügung zu stellen, die das offenbar nicht für nötig hielten. Es entwickelten sich sehr schnell zwei Gruppen: Die einen versuchten mit geringstem Energieaufwand, die anderen mit maximaler Leistungsbereitschaft, das Ausbildungsziel zu erreichen.

Wir vermieden offene Konflikte mit Lehrpersonen, angeblich um die stressige Ausbildungszeit nicht unnötig zu erschweren; aus dem gleichen

Grunde verhielten wir uns vordergründig ›nett‹ zueinander. Während der Vorlesungen schrieben wir uns Briefzettelchen, um Neuigkeiten und Unzufriedenheiten auszutauschen, und wir führten ein internes Kursbuch, das in Karikaturen und Krickeleien Einstellungen und Empfindungen dokumentierte, die sich aus unserem Lehranstaltsalltag und dem Unterrichtsgeschehen ergaben. Dort fanden sich z.B. Sprüche wie: »... müsste ich Herrn Rainer küssen, würd' ich sicher brechen müssen«, oder Kommentare über die Frisuren und Verhaltensweisen diverser Dozentinnen sowie Sinn und Unsinn einzelner Veranstaltungen. Die Belastungen, die durch Lernvorgaben, Therapievorbereitungen, Konkurrenzängste, Misstrauen und unterdrückte Auseinandersetzungen entstanden, kompensierten wir außerdem durch hemmungslosen Kauf und vergnüglichen Verzehr von Süßigkeiten. In den Unterrichtspausen ließen sich Grüppchen von Studierenden beobachten, die in das nachbarliche ›Lädchen‹ pilgerten, d.h. in die kleine Lebensmittelhandlung, die mit zwei Minuten Fußweg schnell zu erreichen war und ohne fleißig konsumierende Logopädieschülerinnen bestimmt schon bankrottgegangen wäre. Eine Mitstudierende äußerte, sie fühle sich zuweilen, als sei sie eine der Protagonistinnen aus Mädchenbüchern wie *Hanni und Nanni*, die den Schulalltag in einem Internat beschreiben.

Vordergründig ging es uns nicht schlecht, auffällig war nur, dass wir uns auch außerhalb der Schule möglichst an Aktivitäten erfreuten, die nach Möglichkeit mit Logopädie nichts zu tun hatten. Und die psychologische Supervision am Ende eines jeden Semesters förderte immer wieder latente Ängste und unausgesprochene Unstimmigkeiten zutage: Befürchtungen, das Lehrpensum nicht zu schaffen und den Anforderungen als Therapeutinnen nicht gewachsen zu sein, außerdem, zunehmend mit schulischen Schwierigkeiten, Konflikte in persönlichen Beziehungen und gesundheitliche Probleme.

Die Schulstrukturen verlangten uns Unterwürfigkeit und Anpassung ab, und wir fügten uns mehr oder weniger schnell. Rückblickend wundere ich mich, wie viel Zeit und Ehrgeiz eine jede mit Therapievor- und -nachbereitung verbrachte. Schließlich behandelte jede Studierende nur zwei Patientinnen in der Woche je eine halbe bis eine dreiviertel Stunde. Die ganze Woche war von dem Bemühen überschattet, diese beiden Therapien erfolgreich durchzuführen. Der Zeit- und auch der Materialaufwand, den die meisten von uns für ihre Behandlungen aufbrachten, war nicht nur enorm, sondern geradezu absurd. Keine Logopädin, das wussten wir, kann es sich in ihrem Berufsalltag erlauben, zwei Therapien eine ganze Woche lang vorzubereiten. Wir rangen um Anerkennung und bewerteten dabei unsere Leistungen entsprechend den vorgegebenen Maßstäben, die wir angeblich als willkürlich und von oben vorgegeben ablehnten. Wir leugneten und verkannten den Leistungsdruck, dem wir ausgesetzt waren, und schufen damit die Voraussetzung, ihn mit der freundlichen Miene von Verbündeten, die sich scheinbar souverän in einer autoritären Lehranstalt behaupten, gegeneinander einzusetzen. Dabei war es unnötig, nach möglichst guten

Noten zu streben, mit materialaufwendigen Therapien zu glänzen und durch vermeintliches oder tatsächliches Fachwissen zu imponieren. Die Lehrpersonen versicherten immer wieder, dass es eher außergewöhnlich sei, dass eine Ausbildungsteilnehmerin nicht das Staatsexamen erreiche, und die Vornoten, auch das war bekannt, hatten keinen Einfluss auf die abschließende Zensurengebung. Dank der günstigen Arbeitsmarktlage war außerdem klar, dass auch mit einem schlecht bestandenen Staatsexamen eine Arbeitsstelle zu finden sein würde. Um so erstaunlicher also, dass wir uns selten gegen die verknöcherten Ausbildungsstrukturen und überkommenen Lehrinhalte auflehnten, sondern stattdessen vehement gegen unsere individuellen Versagensängste und Unzufriedenheiten ankämpften.

Die Lehrlogopädinnen ignorierten zumeist unsere unterschiedlichen Berufsvoraussetzungen, Motivationen, Ideen und Ängste. Wir bekamen ungeachtet unserer Unterschiede Lehrstoff und Leistungsforderungen gleichermaßen vorgesetzt und bemerkten erst allmählich, dass wir zunehmend streitsüchtig wurden und den Spaß an der Ausbildung verloren. Fast jede von uns erkrankte im Laufe der Studienjahre immer mal wieder schwer, und gerade in den höheren Semestern waren viele Auszubildende in einem schlechten Gesundheitszustand. Als die psychologische Supervision zum Ende des dritten Semesters massive Ängste, Schlaf- und Essstörungen sowie Beziehungskrisen ans Licht brachte und es sich herausstellte, dass wir uns alle in einem Krisenzustand befanden, entlud sich die individuell verspürte Verzweiflung in kollektiver Empörung: Wir organisierten einen Streiktag, an dem wir uns in der Lehranstalt zusammenfanden, um über unsere Belange zu diskutieren und unsere Anliegen zu formulieren. Unter anderem entwickelten wir einen Fragebogen, um das körperliche und psychische Wohlbefinden der Auszubildenden zu ermitteln, und erarbeiteten Vorschläge zur demokratischeren Unterrichtsgestaltung. Wir forderten die Einrichtung einer Freistunde, in der Studierende ausbildungsinterne Probleme diskutieren sollten, die bislang nur in den kurzen Unterrichtspausen oder gar nicht zur Sprache kamen.

Das traditionelle ›Bergfest‹ zur Halbzeit der Ausbildung funktionierten wir zu einem ›Gipfeltreffen‹ um, bei dem wir DozentInnen, Schulleitung und alle Studierenden mit unseren Problemen und Forderungen konfrontierten. Obwohl das »rebellische Verhalten« unserer Ausbildungsklasse zunächst Empörung hervorrief, erhielt unsere Aktion letztlich großen Zuspruch und leitete tatsächlich grundlegende Verbesserungen ein: zum einen aufgrund des unerwarteten Engagements, mit dem wir uns intensiv auf die Veranstaltung vorbereitet hatten, zum anderen aufgrund der erschreckenden Ergebnisse unserer anonymen Umfrage. Diese erbrachte eine auffallende Häufung psychosomatischer Krankheiten in allen Ausbildungskursen, gravierende Ängste bis hin zu Selbstmordgefährdung, alarmierende Fakten, die dafürsprachen, in unserer Lehranstalt dringend etwas zu verändern.

Unsere gemeinsame Aktion sorgte wochenlang für Gesprächsstoff, sie brachte uns darüber hinaus einander näher, und wider Erwarten bezogen uns die Dozentinnen nun stärker als bisher in ihre Unterrichtsplanung ein. Konflikte kamen nach wie vor selten offen zur Sprache, aber Ängste und Empfindsamkeiten wurden nun häufiger thematisiert und berücksichtigt. Vielleicht, weil wir uns in einem ersten Schritt gegen unsere gemeinsame Entmündigung gewehrt hatten, waren wir nun eher bereit, uns als eigenständig denkende Personen ernst zu nehmen, die auch über das Gefragte hinaus etwas zu sagen hatten. Als es darum ging, Themenvorschläge für die schriftliche Abschlussarbeit einzureichen, gab es in unserem Kurs erstmalig in der 20-jährigen Geschichte der Ausbildungseinrichtung eine Reihe von Frauen, die sich kritisch mit der herkömmlichen Logopädie oder bestimmten Therapieeinrichtungen und -materialien auseinandersetzen wollten. Reflektieren und Infragestellen des bisher Dagewesenen waren jedoch weiterhin im Rahmen der Ausbildung nicht erwünscht. Gefordert wurde wie eh und je die kritiklose Umsetzung des Gelernten, die Anwendung des ›logopädischen Handwerkszeugs‹. Studierende, so auch die Annahme des neuen Schulleiters, seien nicht in der Lage, zu kritisieren und neue Schritte zu gehen, bevor sie nicht mit beiden Beinen im Berufsleben stünden und die erprobten Verfahren praktiziert hätten. Wir waren wieder mit den bekannten Barrieren konfrontiert: mangelnde Flexibilität, hierarchisches Lehrer-Schüler-Denken und entsprechende Machtdurchsetzung.

Die vielen Hindernisse, fehlende Unterstützung und offene Abwehr führten letztlich dazu, dass keiner der kritischen Themenvorschläge umgesetzt werden konnte. Ich denke, wir hatten auch in den vorausgegangenen Semestern zu selten unsere Vorstellungen artikuliert, als dass es uns jetzt individuell und gemeinsam gelingen konnte. Es blieb dabei, dass wir uns allein oder in Kleingruppen PatientInnen einbestellten, mit denen wir für die Dauer einer bestimmten Zeit eines der klassischen oder neueren Behandlungskonzepte erprobten. Ich persönlich hatte mir zum Ziel gesetzt, unsere Lehr- und Übungsmaterialien in Hinblick auf rassistische und sexistische Inhalte zu prüfen, und wollte parallel dazu eine der obligatorischen Therapien durchführen. Mein Themenvorschlag wurde von der Schulleitung mit der Begründung abgelehnt, dass die Frage nach den Inhalten der Sprache für die Logopädie irrelevant bzw. nachrangig sei, entscheidend sei ausschließlich die Korrektur vorhandener Sprach-, Sprech- und Stimmfehler. Rassismus sei darüber hinaus ein gesellschaftliches Randproblem und im Falle meiner Themenwahl Ausdruck persönlicher Schwierigkeiten. Ich hatte mich bereits vor Beginn der Ausbildung intensiv mit Fragen von Ethnozentrismus und Rassismus beschäftigt und wusste, dass ich mir in diesem Bereich eine Sensibilität und ein Wissen erarbeitet hatte, von dem Mitstudierende und auch (Lehr-)Logopädinnen profitieren könnten. Ich war empört, dass rassistische Bezeichnungen, wie z.B. das Wort ›N…‹ oder scheinbar neutrale Fachbegriffewie ›Hottentottismus‹[1] unhinterfragt benutzt wurden. Ich wünschte mir auch eine Diskussion über die Abwesenheit von ImmigrantInnen in unserer Lehreinrichtung. Seit Bestehen der Lehranstalt war erst in einem Kurs *eine* ausländische bzw. türkische Auszubildende aufgenommen worden, eine Tatsache, die in der multikulturellen Stadt Berlin, in der viele Menschen zweisprachig aufwachsen und Deutsch nicht als Muttersprache lernen, geradezu skandalös ist. Ich war bisher die einzige Schwarze Ausbildungsteilnehmerin und musste mich allein damit auseinandersetzen, dass zuweilen weiße deutsche PatientInnen aufgrund meiner Hautfarbe an meiner sprachlichen und fachlichen Kompetenz zweifelten.

Es war mir auch unverständlich, warum die Bilddarstellungen mit den herkömmlichen stereotypen Rollenzuschreibungen für Mädchen und Jungen bzw. Männer und Frauen (»Papa liest Zeitung, Mama

1 Zu ›Hottentottismus‹ siehe ausführlich den Text »Ethnozentrismus und Geschlechterrollenstereotype in diesem Band.

steht am Herd«) belächelt wurden, aber keine der Logopädinnen oder Studierenden je den Versuch unternommen hatte, diese sexistischen Darstellungen in unseren Materialsammlungen zu streichen.

Nach heftiger Auseinandersetzung mit Lehrlogopädinnen und Schulleitung und dank der einhelligen Unterstützung durch die Frauen aus meinem Ausbildungskurs wurde mein Themenvorschlag schließlich doch noch bewilligt. Für die Examensarbeit entwickelte ich im theoretischen Teil eine Reihe von Fragen in Bezug auf die psychosozialen Bedingungszusammenhänge von Sprachstörungen und erarbeitete Vorschläge für die Materialauswahl und Therapiegestaltung. Im praktischen Teil beschrieb ich zwei Kindertherapien mit einem weißen und einem Schwarzen Jungen, in denen ich Materialien zum Einsatz brachte, die sowohl Ethnozentrismus als auch Sexismus entgegenwirken. Die theoretische und zugleich praktische Auseinandersetzung mit Rassismus und Sexismus in der therapeutischen Arbeit eröffnete mir neue Fragen und Ideen, die ich gerne zur Diskussion gestellt hätte. Dazu kam es jedoch nicht. Zwar hatte ich Unterstützung und Zuspruch für mein Vorhaben erhalten, aber die Frage nach den inhaltlichen Botschaften von Wort- und Bildmaterialien in der therapeutischen Arbeit blieb *mein* Thema. Im Gespräch über die Bewertung meiner Arbeit hieß es, sie sei zwar exotisch, aber sehr interessant. Nach Abgabe unserer Examensarbeit stellten wir die Ergebnisse kurz im Unterricht vor, ansonsten hielten wir uns kaum noch in der Lehranstalt auf, da wir uns auf die Abschlussprüfungen vorbereiten mussten.

Rückblickend sehe ich, dass wir Studierenden die Ausbildung die meiste Zeit als Sprungbrett für das spätere Berufsleben betrachtet haben. Statt die Ausbildungszeit zu nutzen, um die vorgegebenen Lehrinhalte und den Praxisalltag mit der von uns gewünschten Berufsrealität zu konfrontieren, haben wir uns weitestgehend mit dem, was uns beigebracht und vorgesetzt wurde, abgefunden und arrangiert. Erst gegen Ende der Ausbildungszeit ist mir bewusst geworden, dass wir kaum je darüber gesprochen haben, wie wir Auszubildenden uns entsprechend unseren individuellen Erfahrungen und Zielen auf unser späteres Berufsleben vorbereiten könnten. Wir wussten nicht einmal voneinander, wie diese Vorstellungen überhaupt aussehen und ob wir uns gegenseitig unterstützen könnten. Zu selten haben wir die Kompetenz und Erfahrung unserer

Lehrlogopädinnen und Dozentinnen herausgefordert und von unserem eigenen Wissen und unseren unterschiedlichen Hintergründen, Erfahrungen und Ideen profitiert. Wir haben viel gelernt und ebenso viel versäumt. Im Laufe der drei Ausbildungsjahre sind wir zehn – später elf – Frauen zu einer festen Klassengemeinschaft zusammengewachsen, in der wir viel Spaß hatten und es schafften, einzeln und gemeinsam die stressigen Prüfungszeiten zu überstehen. Alle Frauen in unserem Kurs haben mit dem Staatsexamen das Ausbildungsziel erreicht, keine erinnert sich gern an die Lehranstalt zurück.

Das Jahr 1990
Heimat und Einheit aus afro-deutscher Perspektive

Die 1993 veröffentlichte Sammlung Entfernte Verbindungen. Rassismus, Antisemitismus, Klassenunterdrückung, *der dieser Text entnommen ist, war das Ergebnis einer Arbeitsgruppe, bestehend aus Frauen unterschiedlichster Herkunft, die sich über einen Zeitraum von drei Jahren regelmäßig im Orlanda Frauenverlag traf.*

Die letzten beiden Jahre waren für mich nicht nur politisch, sondern auch persönlich von rasanten Entwicklungen und Veränderungen bestimmt.

Ich blättere meine Gedanken zurück bis Ende des Jahres 1989 und in das Jahr 1990, in die Verwirrungen und Widersprüche, die Auf- und Abbrüche, die Erinnerungen an Verdrängtes, die Neuentdeckungen.

Damals bewegte ich mich wie auf einem schwankenden Boot. Ich war so sehr damit beschäftigt, nicht im Strudel der Zeit Schiffbruch zu erleiden, dass es mir kaum möglich war, die Ereignisse um mich herum differenziert wahrzunehmen und zu begreifen. Im Nachhinein sehe ich einiges nur noch schemenhaft, anderes ist aus der Distanz sehr viel deutlicher zu erkennen. Mir scheint, die Mauer zwischen den beiden deutschen Staaten warf ihre steinigen Schatten weit voraus, bevor sie zerfiel, und zwar direkt in die Köpfe derer, die sich mit ihr umgeben, geschmückt und abgefunden hatten – in unsere Ost-Westgehirne. Menschen aus beiden Teilen Deutschlands trafen aufeinander, wie Zwillinge, die um ihre gemeinsamen Eltern wissen, jedoch von Geburt an getrennt voneinander gelebt hatten.

Die anfängliche Euphorie entpuppte sich als Wiedersehensfreude zweier sich weitgehend Unbekannter, die zu leugnen versuchten, dass sie sich aus der Ferne bisher meist nur angefeindet hatten.

In der gesamten Medienlandschaft war von deutsch-deutschen Brüdern und Schwestern die Rede, von einig und wiedervereinigt, von Solidarität und Mitmenschlichkeit ... Ja, sogar Begriffe wie ›Heimat‹, ›Volk‹ und ›Vaterland‹ waren plötzlich – wieder – in vieler Munde. Worte, die in beiden deutschen Staaten seit dem Holocaust zumeist nur mit Vorsicht benutzt wurden oder gar verpönt waren und sich lediglich in rechten Kreisen ungebrochener Beliebtheit erfreut hatten, machten die Runde. Die Zeiten ändern sich, die Menschen auch. Vielleicht ändern sich die Fragen der Zeiten nur wenig und die Antworten der Menschen fast gar nicht.

Die anfängliche Begegnungs-Begeisterung zerbröckelte in unvorhergesehener Geschwindigkeit, und die trügerisch wiedergewonnene Einheitlichkeit erstickte alsbald unter dem festen, selbst fabrizierten Mantel freiheitlicher Deutschtümelei. Zuvor jedoch wurden gesamtdeutsch Fähnchen und Flaggen geschwungen, Deutschland-Blousons, T-Shirts und Sticker zur Schau getragen. Ich wunderte mich im November 1989, wie rasch und massenhaft verschiedenste Schwarz-Rot-Gold-Fabrikate in die Kaufhäuser und selbst auf die Flohmärkte gelangten, Produkte, die allerorts auf große Nachfrage stießen, war außerstande mir zu erklären, was da in den tieferen Schichten der Köpfe und Gefühle vor sich ging. Die weißen, christlich-deutsch-kollektiven Schuldkomplexe hatten sich scheinbar über Nacht in Luft aufgelöst und dabei die Gegenwart von der Vergangenheit gerissen. Wer waren die KäuferInnen, wer die ProduzentInnen der feilgebotenen Freiheit, und für wen und wie viele war Platz in der gepriesenen neuen Heimat? Wer umarmte sich da in deutsch-deutscher Vereinigung, und wer wurde umarmt, vereinnahmt, verstoßen? Wer zum ersten Mal, wer schon wieder, wer schon immer?

Die Vereinigung führte in wenigen Augenblicken zur Geburt einer neuen Bundesrepublik in einem – was die alte BRD betrifft – nicht sonderlich neuen Gewand. Die DDR wurde links liegengelassen.

Als die Mauer fiel, freuten sich viele, anderen wurde es schwindelig.

Deutsch-deutsch Vaterland ... Täusch-täusch Vaderlan ... Tausch-täusch-Väterli ...

Mein Vaterland ist Ghana, meine Muttersprache ist Deutsch, die Heimat trage ich in den Schuhen. Als die Mauer fiel, hatte ich zeitweilig die Befürchtung, erschlagen zu werden. Nicht viel Angst oder keine große Angst, aber mehr als sonst.

Seit 1984 lebe und arbeite ich in Westberlin und bin in dieser Stadt mehr zu Hause als irgendwo sonst. Dank meines nicht ausgeprägten Orientierungssinnes verlaufe ich mich jeden Tag in den Straßen, aber dennoch, im Vergleich zu den Städten, in denen ich bisher gewohnt und studiert habe, war Berlin stets ein Ort, an dem ich mich recht geborgen fühlte. Meine Hautfarbe ist im Straßenbild kein außergewöhnlicher Blickfang, ich werde hier nicht jeden Tag für mein gutes Deutsch gelobt und nur selten bin ich in Seminaren, bei Veranstaltungen oder Partys die einzige Schwarze inmitten einer unbestimmten Zahl von Weißen. Ich muss mich zwar häufig, aber nicht ständig erklären. Ich erinnere mich an frühere Zeiten, in kleinen westdeutschen Städten, wo ich oft das Gefühl hatte, unter ständiger Beobachtung zu stehen, an stets forschenden und fragenden Blicken zu erkranken. Ich erinnere mich an Tage, an denen ich mich besonders einsam oder unerträglich exponiert fühlte und beim Einkaufen und im Bus nach Schwarzen Menschen Ausschau hielt. In Berlin, dieser anonymen Stadt mit internationalem Gesicht, verblichen diese Erinnerungsbilder sehr schnell in meinem Gedächtnis. Beim Fall der Mauer und in der Zeit danach fielen sie jedoch, wie aus einer verstaubten Schublade, zurück in meinen Alltag.

In den ersten Tagen nach dem 9. November 1989 bemerkte ich, dass kaum ImmigrantInnen und Schwarze Deutsche im Stadtbild zu sehen waren, zumindest nur selten solche mit dunkler Hautfarbe. Ich fragte mich, wie viele JüdInnen (nicht) auf der Straße waren. Ein paar Afro-Deutsche, die ich im Jahr zuvor in Ostberlin kennengelernt hatte, liefen mir zufällig über den Weg, und wir freuten uns, nun mehr Begegnungsmöglichkeiten zu haben. Ich war allein unterwegs, wollte ein bisschen von der allgemeinen Begeisterung einatmen, den historischen Moment spüren und meine zurückhaltende Freude teilen. Zurückhaltend deshalb, weil ich von den bevorstehenden Verschärfungen in der

Gesetzgebung für ImmigrantInnen und Zufluchtsuchende gehört hatte. Ebenso wie andere Schwarze Deutsche und ImmigrantInnen wusste ich, dass selbst ein deutscher Pass keine Einladungskarte zu den Ost-West-Feierlichkeiten darstellte. Wir spürten, dass mit der bevorstehenden innerdeutschen Vereinigung eine zunehmende Abgrenzung nach außen einhergehen würde – ein Außen, das uns einschließen würde. Unsere Beteiligung am Fest war nicht gefragt.

Das neue »Wir« in – wie es Kanzler Kohl zu formulieren beliebt – »diesem unserem Lande« hatte und hat keinen Platz für alle.

»Hau ab du N..., hast du kein Zuhause?«

Lesung 1994

Zum ersten Mal, seit ich in Berlin lebte, musste ich mich nun beinahe täglich gegen unverblümte Beleidigungen, feindliche Blicke und/oder offen rassistische Diffamierungen zur Wehr setzen. Ich begann wieder – wie in früheren Zeiten – beim Einkaufen und in öffentlichen Verkehrsmitteln nach den Gesichtern Schwarzer Menschen Ausschau zu halten. Eine Freundin hielt in der S-Bahn ihre afro-deutsche Tochter auf dem Schoß, als sie zu hören bekam: »Solche wie euch brauchen wir jetzt nicht mehr, wir sind hier schon selber mehr als genug!« Ein zehnjähriger afrikanischer Junge wurde aus der vollen U-Bahn auf den Bahnsteig hinausgestoßen, um einem weißen Deutschen Platz zu machen ...

Das waren Vorfälle in Westberlin im November 1989, und seit 1990 mehrten sich dann Berichte von rassistisch motivierten Übergriffen vor allem auf Schwarze Menschen, mehrheitlich im Ostteil Deutschlands. Berichte, die zunächst nur in Kreisen von ImmigrantInnen und Schwarzen Deutschen bekannt wurden, offizielle MedienberichterstatterInnen nahmen von den gewaltsamen Ausschreitungen kaum Notiz. Ich begann das Jahr 1990 mit einem Gedicht:

grenzenlos und unverschämt
ein gedicht gegen die deutsche sch-einheit

ich werde trotzdem
afrikanisch
sein
auch wenn ihr
mich gerne
deutsch
haben wollt
und werde trotzdem
deutsch sein
auch wenn euch
meine schwärze
nicht paßt
ich werde
noch einen schritt weitergehen
bis an den äußersten rand
wo meine schwestern sind – wo meine brüder stehen
wo
unsere
FREIHEIT
beginnt
ich werde
noch einen schritt weitergehen und noch einen schritt
weiter
und wiederkehren
wann
ich will
wenn
ich will
grenzenlos und unverschämt
bleiben.

Ausgehend vom *Black History Month*, einer Veranstaltungsreihe zu Themen Schwarzer Geschichte, Kultur und Politik, die in Berlin im Februar 1990 von Schwarzen Aktionsgruppen initiiert wurde, bildete sich ein Zusammenschluss von Schwarzen Gruppen und Einzelpersonen, der u.a. eine erste Dokumentation rassistischer Überfälle in Berlin und Umgebung veröffentlichte.[1]

Im selben Frühjahr beendete ich meine Ausbildung zur Logopädin. Ich erinnere mich nicht nur an die nervenaufreibende Prüfungszeit mit schlaflosen Nächten und Liebeskummer, sondern auch an die Treffen der Schwarzen politischen Gruppen, bei denen wir erstmalig Maßnahmen zum Selbstschutz vor rassistischen Übergriffen auf unsere Organisationen und für uns als Einzelpersonen diskutierten. Zwischen den beiden Teilen Deutschlands intensivierten sich Kontakte immigrantenpolitischer und Schwarzer Gruppen und führten zu gemeinsamen Aktionen und Festen. Ich war wütend und enttäuscht, dass in dieser Zeit die Freilassung Mandelas in den deutschen Medien kaum Beachtung fand. Zum ersten Mal würdigte ich die Erfindung des Kabelfernsehens, denn so erfuhr ich, dass zumindest nicht die gesamte europäische Welt nur Nabelschau betrieb.

Bei Demonstrationen gegen die Verschärfung des AusländerInnen- und Asylrechts im Frühjahr waren weiße Deutsche kaum vertreten. In der TAZ hieß es am 2.4.1990: »Deutsche Linke fehlten bei Großdemo gegen Ausländergesetz. Zu ausländisch?«

Ich begann mich über die Ost-West-Feste und Veranstaltungen zu ärgern, die den Nord-Süd-Dialog nicht einbezogen. Auch in der Frauenbewegung wurde Deutsch-Deutsches diskutiert und gefeiert, als wäre Deutschland ausschließlich weiß und das Zentrum der Welt. Es wurden Kongresse und Seminare organisiert, mit Reisekostenunterstützung für Frauen aus der DDR, ohne zugleich an Asylbewerberinnen zu denken, die, egal ob in Ost- oder Westdeutschland, am Rande des Existenzminimums leben müssen. Solches Vorgehen stand in Einklang mit kurzgegriffenen und halbherzigen Solidaritätsaktionen, die auf

---

1 Black Unity Committee (Hg.): *Dokumentation: Rassistische Überfälle in Berlin und Umgebung* (Januar–September 1990), Berlin 1990.

Regierungsebene von den ›Besserwessis‹ für die ›armen Ossis‹ inszeniert wurden.

Ich sehe im Rückblick eine vom Berliner Senat geförderte Kinoreklame vor mir: Ostdeutsche Arbeiter auf einer Baustelle in Westdeutschland. Eine Stimme aus dem Off erläuterte, dass es die BürgerInnen aus der DDR sind, die die für Westdeutsche unattraktiven und unterbezahlten Arbeitsplätze einnehmen. Der Kommentator ermahnte das Publikum zugleich eindringlich und freundlich, »die Menschen«, die in den letzten Wochen und Monaten zu »uns« gekommen seien, freundlich aufzunehmen. Warum werden da nur weiße deutsche Männer gezeigt, wenn von Mitmenschlichkeit zwischen Frauen und Männern aus beiden Teilen Deutschlands gesprochen wird? Ich befürworte durchaus einen Aufruf zur Solidarität, aber nicht einen, der unerwähnt lässt, dass die am wenigsten attraktiven Arbeitsplätze und die schlechtbezahltesten von ArbeitsmigrantInnen aus europäischen und außereuropäischen Ländern übernommen werden. Wo bleibt der Aufruf zur Solidarität mit denjenigen, die im Zuge deutsch-deutscher Vereinnahmung und Konkurrenz als erste Gefahr laufen, keine Arbeits- und Wohnmöglichkeiten mehr zu finden und ihre Stellen und Ausbildungsplätze zu verlieren? Für AsylantragstellerInnen gab es keine breitangelegten Solidaritätsaktionen mit guten Worten und ermäßigten Eintrittskarten. Im Gegenteil, das Aufenthalts- und Bleiberecht insbesondere für Menschen aus den zumeist verarmten außereuropäischen Ländern wurde mittels neuer Gesetzesvorlagen drastisch eingeschränkt, und der zunehmenden rassistischen Gewalt auf der Straße sahen weiße BürgerInnen und PolitikerInnen aus Ost und West bis Ende 1990 weitestgehend tatenlos zu. Auch die »Aufnahmebereitschaft« und »Gastfreundlichkeit« gegenüber weißen DDR-BürgerInnen erschien mir trügerisch angesichts des Verhaltens gegen sogenannte ausländische MitbürgerInnen, die nicht erst seit Neuestem permanent darauf hingewiesen werden, dass das ›Boot‹ voll sei.

Der Biologe Irenäus Eibl-Eibesfeld beispielsweise veröffentlichte 1981 einen Artikel mit der Überschrift *Gefahren der Masseneinwanderung*, in dem es heißt:

»Grundsätzlich muß man sich darüber im klaren sein, daß man mit jeder Einwanderung, die man gestattet, Land abtritt, und man muß den Bürgern reinen

> Wein einschenken, denn die Zusammenhänge sind ihnen ebensowenig klar, wie die möglichen Konsequenzen massiver biologischer Unterwanderung.«[2]

Bezeichnenderweise werden stets nur bestimmte Gruppen von ImmigrantInnen als ›AusländerInnen‹ wahrgenommen und ausgegrenzt, ebenso wie Schwarze Deutsche nicht ›wirkliche Deutsche‹ sein können.

Eine blondhaarige und blauäugige Frau erzählte mir, dass es weißen Deutschen schwerfällt zu glauben, dass sie aus Brasilien kommt. Oft werde sie gefragt: »Aber ihre Vorfahren sind doch bestimmt aus Deutschland?« In Brasilien, so sagte sie, habe noch nie jemand an ihrer brasilianischen Herkunft und ihrer Zugehörigkeit zur Gesellschaft gezweifelt. Erst in Deutschland habe sie begonnen, über ihre Familiengeschichte nachzudenken und zu forschen. Sie fand heraus, dass ein längst verstorbener Urgroßvater tatsächlich von Deutschland nach Brasilien ausgewandert war. Wenn sie heute diese Information in »Woher-kommen-Sie-Gespräche« einfließen lässt, dann ist nicht selten die Reaktion: »Ach, das ist ja schön, dass ihre Vorfahren aus Deutschland sind. Wie fühlen Sie sich denn hier, zum ersten Mal in ihrer Heimat?« Schwarze Deutsche machen in diesem Land andere Erfahrungen.

Das neudeutsche »Wir« – ein eingrenzender und ausgrenzender Ort?

Franz Beckenbauer äußerte sich als Chef der deutschen Fußballnationalmannschaft über den Sieg seines Teams bei der Weltmeisterschaft im Sommer 1990: »Wir sind über Jahre nicht mehr zu besiegen. Es tut mir leid für den Rest der Welt, aber es ist so.«[3] Die beängstigende Vision eines Wir-sind-wieder-wer-Deutschland nahm im Verlauf des Jahres 1990, mit der wachsenden Popularität rassistischer Äußerungen und Verhaltensweisen, zunehmend reale Gestalt an. Zugleich blieb das besagte deutsche ›Wir‹ weiterhin in zwei verschiedene Hälften gespal-

---

2 Eibl-Eibesfeldt, Irenaus: »Gefahren der Masseneinwanderung«, in: *Lutherische Monatshefte,* H.1/1981, S. 34.

3 Zitiert nach Norbert Seitz: »Wir sind halt doch das Volk«, in: Arthur Heinrich/Klaus Neumann (Hg.): *Alles Banane. Ausblicke auf das endgültige Deutschland,* Köln 1990, S. 163.

ten. Der historische Augenblick, in dem fälschlicherweise so häufig von ›Revolution‹ gesprochen wurde, hätte in beiden Teilen Deutschlands ein Moment kritischer Selbstreflexion und gegenseitiger Anregung für Veränderungen sein können. Es zeigte sich jedoch bereits zum Zeitpunkt des Mauerfalls, dass kaum eine/r bereit war, die alte BRD ebenso rigoros zu kritisieren und umzugestalten, wie es für die DDR angestrebt wurde. Allen voran war in Regierungskreisen das Nachdenken zumeist auf die Durchsetzung politischer und ökonomischer Interessen gerichtet und dabei kaum von humanitären Idealen geleitet.

Hans-Joachim Maaz, Psychotherapeut aus Halle, ist einer derjenigen, die im Jahr 1990 die Frage stellten:

> »Wo sind die ehrlichen Politiker des Westens, die uns warnen und informieren über die Fehlentwicklungen und Nöte ihres eigenen Systems, und die uns nicht mehr nur selbstgefällig ihre ›Überlegenheit‹ anbieten? Wo sind die ernsthaften Überlegungen, was sich auch in der Bundesrepublik verändern müsste, damit ein gemeinsames Deutschland für Europa eine Chance und nicht eine neue Gefahr wird?«[44]

Inzwischen, zwei Jahre nach dem Mauerfall, ist das Gesicht der ehemaligen DDR nicht mehr zu erkennen: Schulbücher, Gesetze, institutionelle Einrichtungen etc. wurden entweder denen der alten Bundesrepublik angepasst oder abgeschafft. Die allerorts schillernden Leuchtreklamen signalisieren, dass der Kapitalismus auch im kleinsten Dorf der fünf neuen Bundesländer Einzug genommen hat, und die längst zur Rarität gewordenen ›Trabis‹ wirken wie einsame Relikte aus fernen Zeiten. Der Verlauf der Berliner Mauer ist angesichts ihrer umfassenden Beseitigung nur noch mit Mühe nachzuvollziehen. Die Zahl der Arbeitslosen, besonders die der Frauen, steigt in galoppierender Geschwindigkeit in die Höhe. Die Umbenennung von Straßen und die Beseitigung gewisser Denkmäler gehören zu den richtungweisenden Schritten, die zeigen, wie der neue Blick auf die Vergangenheit und der nächste Schritt in die Zukunft Deutschlands von den Machthabenden vorgezeichnet wird. Was werden wir erinnern, was haben wir bereits vergessen? Mir fällt auf, dass bei der Umbenennung von Straßen in den neuen Bundesländern

4 Maaz, Hans-Joachim: *Der Gefühlsstau. Ein Psychogramm der DDR,* Berlin 1990, S. 182.

nicht selten Namen von WiderstandskämpferInnen durch Blumennamen ersetzt wurden. So heißt seit Neuestem die ›Liselotte-Herrmann-Straße‹ in Erfurt ›Mispelstraße‹. Die Umbenennung der Ostberliner U-Bahnstation ›Thälmannstraße‹ in ›Mohrenstraße‹ ist ein sicheres Zeichen, dass auch in den obersten weißen Rängen der neuen Republik rassistische Sprache und entsprechendes Denken geduldet und tradiert werden. Das zeigt sich auch in der bisher unhinterfragten Beibehaltung von Straßennamen und Denkmälern im Westteil Deutschlands, durch die Kolonialisten noch immer glorifiziert und Kolonialisierte weiterhin gedemütigt werden.

Das Beschweigen und Nichtwahrnehmen von Rassismus, auch durch ›progressive‹ Linke und unter frauenbewegten Frauen, empfand ich im Jahr 1990 als beängstigend und schockierend, und doch überraschte es mich kaum. Zwar waren seit Mitte der 80er-Jahre vermehrt Diskussionen zum Thema ›multikulturelle Bundesrepublik‹ geführt worden, jedoch nur in Ausnahmefällen mit der Konsequenz, die eigenen Lebens- und politischen Zusammenhänge so zu verändern, dass eine kontinuierliche, gleichberechtigte Zusammenarbeit mit ImmigrantInnen und Schwarzen Deutschen zu einer unverzichtbaren Selbstverständlichkeit geworden wäre und die Auseinandersetzung mit Rassismus zu einem permanenten Bemühen. Das *Zweite Frauenhaus* in Berlin und der Orlanda Frauenverlag gehören zu den wenigen autonomen Frauenprojekten, die sich schon seit Jahren um eine Quotierung ihrer Stellen für Immigrantinnen und Schwarze Frauen bemühen.[5]

Rassismus betrachten viele weiße Deutsche noch immer als ein Ausnahmevorkommnis und Sonderthema. Entsprechend werden MigrantInnen, Schwarze Deutsche und JüdInnen oft nur im Rahmen besonderer Veranstaltungen – wie z.B. einer ›Woche des ausländischen Mitbürgers‹ oder einer Tagung zu ›Migration und Bevölkerungspolitik‹ – wahrgenommen und einbezogen. Das ist eine der Facetten unbedachter und subtiler Ein- und Ausgrenzung. Dazu eine Beobachtung von Klaus F. Geiger im November 1989:

---

5 Siehe den Beitrag von Dagmar Schultz in: *Entfernte Verbindungen. Rassismus, Antisemitismus, Klassenunterdrückung*, Berlin 1993.

»Der Reporter steht auf dem Kurfürstendamm, umringt von Menschen, die den Fall der Mauer feiern. Er interviewt zunächst zwei oder drei Personen aus Ostberlin, sucht nach WestberlinerInnen als InterviewpartnerInnen. Hinter ihm stehen vier oder fünf mitfeiernde türkische Berliner, junge Männer, im Alter von 18 bis 20 Jahren, treten von einem Fuß auf den andern, blicken erwartungsvoll in die Kamera, bieten sich also an, drängen sich aber nicht auf. Der Reporter dreht sich im Kreise, sieht keinen Menschen, den/die er als WestberlinerIn bezeichnen würde, bricht seine Suche ab und gibt zurück ins Funkhaus. Denn heute geht es um die Vereinigung zweier deutscher Territorien, um die Vereinigung zweier Bevölkerungen, welche laut Gesetz deutsche StaatsbürgerInnen sind. Hätte das Thema der Sendung ›Ausländerprobleme‹ gelautet, wären auch die jungen türkischen Berliner als Interviewpartner in Frage gekommen – neben vielen deutschen ExpertInnen.«[6]

Die Stimmen von ImmigrantInnen, Schwarzen Deutschen und JüdInnen fanden 1990 erst wieder im Wahlkampf, in der zweiten Hälfte des Jahres, Gehör. In dieser Zeit mehrten sich Kongresse und Veranstaltungen zum Thema ›Rassismus‹, die mehrheitlich und zum Teil ausschließlich von weißen Deutschen organisiert wurden. Letzteres gilt zum Beispiel für die Tagung *Exclusion and Tolerance* (Ausgrenzung und Toleranz), die im November 1990 in Eindhoven stattfand. Zwar hielten sowohl Schwarze als auch weiße Wissenschaftlerinnen aus den Niederlanden und der Bundesrepublik Vorträge und Seminare zum Thema, an der Konzeption und Durchführung des Kongresses waren Schwarze Frauen jedoch nicht beteiligt. Für die Vorbereitung der nächsten Tagung wurde daher die Zusammensetzung des Organisationsteams verändert. Auch aus einigen anderen Veranstaltungen sind erfreulicherweise nicht nur schmerzhafte Verletzungen übriggeblieben, sondern gleichermaßen fruchtbare Impulse für eine wirkliche Zusammenarbeit zwischen Schwarzen und weißen Frauen ausgegangen.

In einer von Rassismus und anderen Unterdrückungsmechanismen geprägten Gesellschaft sind die jeweils realen oder potenziellen Opfer nicht gleichzeitig die besseren Menschen. Manchmal beobachte ich in

6 Geiger, Klaus E: »Nationalistische und postnationalistische Diskurse im Verteilungskampf der Bundesrepublik Deutschland«, in: Institut für Migrations- und Rassismusforschung (Hg.): *Rassismus und Migration in Europa,* Hamburg, Berlin 1992, S. 273.

politischen Schwarz-weiß-Zusammenhängen, dass Schwarzen Frauen oder Männern uneingeschränkte Redezeit zugestanden wird, egal ob ihr Beitrag sinnvoll ist oder nicht. Bevorzugung ist angebracht und notwendig und eine wichtige Forderung, wenn es z.B. um die Vergabe von Arbeitsplätzen geht. Das kann jedoch nicht ›Narrenfreiheit‹ heißen. Wenn wir Zusammenarbeiten wollen und einander als Verbündete begreifen – und davon gehe ich aus –, dann müssen wir uns gegenseitig ernst nehmen und den Mut haben, Kritik zu äußern und auszuhalten. Das gilt gleichermaßen für Schwarze und Weiße im Umgang mit- und untereinander. Es war und ist z.B. nicht nur ein besonderes Kennzeichen von Ost-Westbegegnungen weißer Personen, dass der Dialog oft nur dann stattfindet, wenn sich die Frauen und Männer in den neuen Bundesländern an die Gesprächstische im Westteil Deutschlands begeben. Auch Schwarze Deutsche und ImmigrantInnen in der ehemaligen Bundesrepublik begreifen erst allmählich, dass von Dialog nur dann gesprochen werden kann, wenn ihre Gruppierungen in Ost und West gleichermaßen aktiv aufeinander zugehen.

Mir selber kommt mehr und mehr zu Bewusstsein, wie sehr mich bestimmte Erfahrungen in dieser Gesellschaft prägten und an welchen Punkten ich diese Prägungen aufheben oder beibehalten möchte. Oft erinnere ich mich an meine Kindheitsträume und -erlebnisse, lasse die Aussagen der Erwachsenen auf der Suche nach bedeutungsvollen Mitteilungen Revue passieren, stöbere nach verdrängten Vorbildern und abschreckenden Beispielen. Beim Schreiben dieses Textes begegnete ich plötzlich meiner 1990 verstorbenen Großmutter, genauer gesagt, der Mutter meiner Pflegemutter. Ich sah sie in ihrer gemütlichen Küche und hörte, wie sie mit meinem ›Bruder‹ und mir sprach. Wir liebten sie, und sie hatte für uns immer ein paar Süßigkeiten in der Schrankschublade. Als ich sie jetzt vor mir sah, ärgerte sie sich gerade über das laute Benehmen von uns Kindern und rief in halb scherzhaftem Tonfall: »Hier geht es zu wie in der Judenschule!« Erst Jahre später zuckte ich zusammen, als sich die Oma mit demselben Wortlaut über ihre jüngsten Enkelkinder beugte und ich den Sinn der Worte erkannte. Auch rassistische Äußerungen fielen in unserem Haus des Öfteren, dies selten bewusst und in böser Absicht. Niemand wollte antisemitisch oder rassistisch sein. Alle verabscheuten die Gräuel der nationalsozialistischen Vergangenheit, und schließlich war ich nicht zufällig als einziges Schwarzes Kind in diese weiße Pflegefamilie gelangt. Da kann doch niemand Vorurteile haben, oder? Rassismus und Antisemitismus waren einige der unliebsamen Ingredienzen der Erziehung, die ich erfahren habe. Das ist mir bewusst, und ich werde nicht lockerlassen, bevor ich sie innerhalb und außerhalb von mir aufgespürt und abgebaut habe.

Jetzt haben wir das Jahr 1992, die europäische Vereinigung wird vollzogen und in wenigen Wochen der Jahrestag der deutschen Wiedervereinigung gefeiert. Täglich erfahren wir – genau wie im letzten und vorletzen Sommer und Herbst – von neuen rassistischen und antisemitischen Übergriffen, Brandsätzen auf Flüchtlingsunterkünfte und von Menschenjagden in Ost- und Westdeutschland. Vielerorts klatschen schaulustige BürgerInnen lauthals oder insgeheim Beifall, und PolitikerInnen zeigen sich sehr besorgt um den Ruf des Landes, jedoch wenig um die realen und potenziellen Opfer der Übergriffe. Bundesinnenminister Rudolf Seiters äußerte sich über die eskalierende Gewalt:

> »Das ist ja sicherlich nach übereinstimmender Einschätzung ein Vorgang, der das deutsche Ansehen in der Welt schädigt und der auch geeignet ist, das Bild vom ausländerfreundlichen Deutschland zu trüben und zu beschädigen, das wir ja auf jeden Fall bewahren sollen.«[7]

Bundeskanzler Kohl forderte in seiner Erklärung vom 27.8.1992: »Der Mißbrauch des Asylrechts muß endlich gelöst werden. Dazu zählt auch die Ergänzung des Grundgesetzes. Sie allein löst dieses Problem nicht, ist aber ein wichtiger Schritt zur Eindämmung des Asylmißbrauchs.«[8] Es wurde in den letzten Wochen verstärkt über die Situation marginalisierter Jugendlicher diskutiert, die zurzeit die Hauptakteure neonazistischer Angriffe sind. Diskussionen über die Ursachen der Fluchtbewegungen bleiben aus, ebenso Maßnahmen, die Hunger, Krieg und Umweltzerstörung in den verarmten und von Europa abhängig gehaltenen Ländern ein Ende setzen könnten. Ein baldiger und rigoroser Eingriff in das Asylgesetz ist zu befürchten, und auch für Zufluchtsuchende, die bleiben dürfen, wird die Bundesrepublik auf absehbare Zeit kein Ort

---

7 Zitiert nach Dietrich Leder: »Medientagebuch«, in: *Freitag*, 4.9.1992, Nr. 37.

8 Zitiert nach Tissy Bruns/Klaus-Peter Klingelschmitt: »Kein Wort der Scham im Bonner Kabinett« in: *die tageszeitung*, 28.8.1992.

May Ayim auf der Großdemo in Berlin 8.11.92 © D. Schultz

sein, der sich leichten Herzens ›Heimat‹ nennen lässt. Letzteres gilt auch für ImmigrantInnen, Schwarze Deutsche und jüdische Menschen, die schon lange oder schon immer hier leben.

Die offene Gewalt auf der Straße steht in Einklang mit den Worten führender PolitikerInnen und ist teils deren praktische Umsetzung. Aber ich bin überzeugt, dass wir – und damit meine ich alle Menschen in diesem Land, die Rassismus und Antisemitismus nicht dulden – zu Bündnissen willig und fähig sind. Es gibt Beispiele, denen wir folgen oder an die wir anknüpfen können. So hat die *Initiative Schwarze Deutsche*, die sich Mitte der 80er-Jahre aus einer kleinen Gruppe von Afro-Deutschen bildete, inzwischen Arbeits- und Kontaktgruppen in zahlreichen Städten der Bundesrepublik. Organisationen von ImmigrantInnen, Schwarzen EuropäerInnen und JüdInnen sind dabei, ihre Gruppen und Aktivitäten über die nationalen Grenzen hinaus zu vernetzen. Seit 1987 findet das *Interkulturelle Sommerinstitut für Schwarze Frauenstudien* mit Schwarzen Teilnehmerinnen aus allen Kontinenten statt.

1991 waren die Gastgeberinnen Schwarze deutsche Frauen, und die mehrwöchigen Seminare wurden in Bielefeld, Frankfurt/M. und Berlin abgehalten. Der zweite *Kongress von und für ImmigrantInnen, Schwarze Deutsche, Jüdinnen und im Exil lebende Frauen,* der im gleichen Jahr in Berlin stattfand, ist darüber hinaus als positives Beispiel der Solidarität weißer, christlich säkularisierter Frauen zu nennen. Als Teilnehmerinnen ausgeschlossen, leisteten sie jedoch in großer Zahl durch Fahrdienste, Kinderbetreuung, Angebot von Schlafplätzen und durch ihre Spenden einen maßgeblichen Beitrag für die Durchführung der Konferenz. Es steht fest: Die globalen und nationalen Abhängigkeitsstrukturen und auch die Machtverhältnisse innerhalb unserer persönlichen Beziehungen sind beängstigend und zerstörerisch, jedoch nicht statisch. Wir können verändern!

Mit Marise Condé 1994 © Regina M. Banda Stein

Die Wut der Schwarzen Frauen sollte auch die Empörung der weißen Frauen sein

Ein Gespräch

Beim 1. Lesbisch-feministischen Sommerinstitut *in der Evangelischen Akademie Loccum 1993 hat May Ayim den Text* Das Jahr 1990. Heimat und Einheit aus afro-deutscher Perspektive *vorgetragen. Im Anschluß fand ein Gespräch mit weißen Teilnehmerinnen statt.*

May: Vor den Wahlen, gegen Ende des Jahres 1990, gab es viele, viele Multi-Kulti-Antirassismus-Veranstaltungen, die die Ost-West-Feierlichkeiten der ersten Jahreshälfte ablösten, bei denen von ImmigrantInnen und Schwarzen Deutschen meist nicht die Rede gewesen war. Als ich wegen eines kulturellen Beitrages für eine der Wahlveranstaltungen angesprochen wurde, die das Motto *Talkshow Für Eine Bunte Republik* trug, verfasste ich dafür ein Gedicht mit dem Titel *Gegen leberwurstgrau für eine bunte Republik, talk – talk – show für den bla – bla – kampf.* Das Gedicht thematisiert, dass die sogenannten Betroffenen immer nur zu bestimmten Anlässen und besonderen Ereignissen begrüßt und wahrgenommen werden, um bald danach wieder verabschiedet und vergessen zu werden.

Wie waren die Reaktionen auf das Gedicht?

May: Die OrganisatorInnen reagierten verblüfft und etwas betreten, die Moderatorin bedankte sich jedoch spontan für die »exotische Einlage«. Sie zumindest hatte also nichts kapiert. Die anschließende Diskussion, an der ich nicht teilnahm, verlief leider genau wie in dem Gedicht beschrieben: Die ›Betroffenen‹ waren nur geladen, um über ›ihre Probleme‹ zu sprechen. Sie wurden weder als GesprächspartnerInnen noch als Persönlichkeiten mit vielfältigen Interessen und Arbeitsschwerpunkten ernst genommen.

Mein Gedicht wurde danach in der TAZ abgedruckt. Ironischerweise wurde es dort zur lesefreundlichen, d.h. ›exotischen‹ Auflockerung mit Bildern aus Reservaten Nordamerikas versehen.

Wie ist der Umgang unter lesbischen und heterosexuellen afro-deutschen Frauen?

May: Innerhalb der Bewegung der Schwarzen deutschen Frauen waren und sind die Lesben bisher die aktiveren und diejenigen, die nach meinem Eindruck auch eher bereit sind, radikale Positionen zu vertreten. Das mag daran liegen, dass sie aufgrund vielfältiger Diskriminierungserfahrungen auch weitaus eher sich veranlasst sehen, klar und konsequent Stellung zu beziehen.

Wie ist das mit Konflikten zwischen afro-deutschen Lesben und Heteras, wie es sie in der weißen Frauenbewegung so stark gibt?

May: Bisher habe ich solche Konflikte zwischen Schwarzen Lesben und Heteras nicht beobachtet. Ich würde nicht sagen, dass es sie gar nicht gibt. Ich denke vielmehr, dass afro-deutsche Frauen bisher gezwungen waren, sich gemeinsam gegen gesellschaftlichen Rassismus, gegen den Rassismus der weißen Heteras und Lesben und gegen den Sexismus weißer und Schwarzer Männer zu wehren. Wäre nicht so umfassender Widerstand notwendig, dann würde sich die Frage nach einer Verhältnisbestimmung sicherlich neu stellen.

Der Film »Schwarze Frauen bekennen Farbe«, ausgestrahlt von der ARD im Frühjahr 1992, ließ den Eindruck entstehen, rassistische Gewalt sei im Osten stärker als im Westen. Wie sind eure Erfahrungen in der ISD *(Initiative Schwarze Deutsche)?*

May: Die Regisseurin Christel Priemer wollte ursprünglich einen Film machen, der allein die offen rassistische Gewalt thematisiert. Dafür hat sie insbesondere nach Frauen in der ehemaligen DDR gesucht, da sie schon zwei oder drei Filme über Afro-Deutsche im Westteil Deutschlands gedreht hatte. Letztlich hat sie bei allen ihren Filmen über Schwarze Deutsche, und so auch bei diesem Film, die Blickpunkte und Themen des Films bestimmt, auch wenn im Film selber die Schwarzen Frauen zu Wort kommen. Ganz besonders deutlich wird das an den Titeln ihrer ersten Filme *Ein bißchen schwarz ein bißchen weiß, oder was es heißt, ein* *deutscher N... zu sein* (1984) und *Deutsche sind weiß, N... können keine Deutschen sein* (1986).

Meiner Kritik an diesen Titeln entgegnete sie damals, man müsse das Publikum provozieren. Aber das ist nicht einmal eine Provokation, sondern drückt genau das aus, was die Leute allgemein über Schwarze Deutsche denken. Ich finde es mehr und mehr wichtig, bei Aktionen positive Botschaften in den Vordergrund zu stellen und nicht immer wieder die negativen (N...tiven) Stereotype aufzutischen.

Den Rassismus in Ostdeutschland als schlimmer zu werten als den in Westdeutschland, das halte ich für sehr gefährlich und falsch. Letztendlich arbeiten die faschistischen Gruppen auf allen Ebenen und in jeder Hinsicht zusammen. Wer hinter welcher Aktion steht, lässt sich oft nicht herausfinden und schon gar nicht in Ost-West- Kategorien beschreiben. Interessanter ist die Frage, warum diese Gruppen so wirksam Zusammenarbeiten, während die antirassistische Bewegung, die doch zahlen- und kräftemäßig sehr viel stärker sein dürfte, das nicht schafft. Wo sind in diesem Zusammenhang die umfangreichen und zielsicheren Aktionen der Frauenbewegung?

Der Film von 1991 begann mit einer Schwarzen, in Hamburg lebenden Sängerin. Es wurde hier also wieder mit Klischees gearbeitet...

May: ... in dem Sinne, dass Schwarze grundsätzlich singen, tanzen und/oder Sport treiben, ja. Andererseits sind gerade diese Bereiche bei Schwarzen ganz einfach keine Leistung und kein Beruf, sondern werden als natürliches Talent be- oder genauer gesagt abgewertet. Für Schwarze KünstlerInnen ist es besonders schwierig, sich außerhalb der gefragten Klischees zu bewegen.

Warum wurden in dem Film von 1991 nicht die Nachnamen der Interviewten genannt? Verniedlicht das nicht die Schwarzen Frauen? Oder geschah es zu ihrem Schutz?

May: Die Frage ist interessant, ich weiß jedoch nicht, welche Vereinbarungen und Absichten hinter dieser Vorgehensweise standen und ob mit den Hauptakteurinnen darüber diskutiert wurde. Mit einer Veröffentlichung von Namen sollte grundsätzlich vorsichtig umgegangen werden, da die Betreffenden ansonsten mit Briefen und Anrufen aller Art konfrontiert werden können.

Wie definiert ihr euch in Bezug auf Bündnispartnerinnen? Sucht ihr Bündnisse?

May: Es gibt für Afro-Deutsche keine große, starke Schwarze Community, in die wir uns zurückziehen könnten. Aber das ist auch nicht das Ziel. Wichtig ist es zunächst, einen Ort zu haben, wo Austausch unter Afro-Deutschen möglich ist, ohne Einmischung von weißen Deutschen. Natürlich ist auch ›unter uns‹ nicht nur Friede, Freude, Eierkuchen, sondern es gibt große und kleine Meinungsverschiedenheiten, Sozialisations- und Klassenunterschiede, ja und auch Ost-West-Differenzen. Je größer die Nähe und die persönliche oder politische Freundschaft, desto schmerzhafter ist es wohl immer, machtvolle Unterschiede und Konflikte auszuhalten.

Vor und nach der ›Wiedervereinigung‹ haben weiße Frauen und die Linke nur reagiert. Schließlich haben sich die weißen Frauen zu Wort gemeldet, aber ohne Schwarze Frauen und Immigrantinnen einzubeziehen.

May: Das würde ich so sehen, wobei es mehr und mehr weiße Frauen gibt, die sich ernsthaft mit ihren Privilegien und ihrer Macht auseinandersetzen, auch wenn es immer noch die Mehrheit der Frauen ist, die diesen Schritt nicht macht. Je mehr Schreckliches passiert, desto größer wird die Lethargie. Dass es in weißen Frauenprojekten nun endlich Diskussionen über Stellenquotierung für Migrantinnen und Schwarze Deutsche gibt, ist jedoch ein deutliches Zeichen, dass die Streitereien zwischen Schwarzen und weißen Frauen nicht nur zu Aggression und Abwehr geführt haben.

Es liegt mir fern, jeden kleinen Erfolg in den Himmmel zu loben, aber es ist mir wichtig, dass wir unsere Erfolge anerkennen und uns ermutigen weiterzumachen. Es ist wichtig, dass wir uns nicht nur – wie konstruktiv auch immer – kritisieren, sondern uns auch loben und weniger verbissen an so manches ernste Thema herangehen. Insbesondere weiße Frauen sind dazu aufgerufen, die Wut der Schwarzen Frauen ernst zu nehmen und auszuhalten. Es ist unfair, von uns stets zu erwarten, dass wir konstruktiv und gesprächsbereit sind, nachdem wir die meiste Zeit keinen Platz in euren Reihen haben, nicht zu Wort kommen und unsichtbar gemacht werden. Bis vor kurzer Zeit hatten Afro-Deutsche nicht einmal eine positive Bezeichnung für sich selbst. Wer nennt sich schon gerne ›Mischling‹, und das Wort ›Mulatte‹ kommt ursprünglich aus dem Portugiesischen und bedeutet ›Maulesel‹. Die Wut der Schwarzen Frauen sollte auch die Empörung der weißen Frauen sein, denn wir alle werden mit Lügen, Halbwahrheiten und Mythen verdummt und manipuliert.

Ich habe manchmal den Wunsch, Deutschland zu verlassen, aber andererseits ist es auch wichtig, hier zu kämpfen und etwas zu bewegen

May: Es gibt für mich einen großen Unterschied zwischen denen, die wandern und auswandern, und denen, die gehen müssen und fliehen. Seit meiner Kindheit ist mir vermittelt worden, dass ich kein Recht habe, hier zu sein und zu bleiben. Irgendwann war es dann soweit, dass ich mich selber ständig mit dem Gedanken beschäftigt habe, wo ich denn hingehen könnte. Das geht vielen Schwarzen Deutschen so, denn immer wieder kommt die Frage: »Woher kommst du, wann gehst du?« Bei der Stellensuche habe ich nicht nur einmal zu hören bekommen, dass mein afrikanisches Aussehen die Kunden verschrecken bzw. verunsichern könnte, mit anderen Worten, geschäftsschädigend sei.

Inzwischen haben einige von meinen Schwarzen Freundinnen Deutschland verlassen, mehrere nach Gewalterfahrungen oder aus Angst. Kann sein, dass ich eines, vielleicht nicht mehr fernen Tages gehen muss, aber vorerst bin ich hier.

Welche Rolle spielt christliche Sozialisation bei Afro-Deutschen?

May: In der Sozialisation von Afro-Deutschen, die hier aufwachsen, ist das Christentum bestimmt fast immer von großem Einfluss. Meine erste Rolle in einem Theaterstück in der zweiten Grundschulklasse war die Rolle des Teufelchens. Für alle Schülerinnen und die Lehrerin und natürlich auch für mich war klar, dass ich auf keinen Fall die Rolle des Engels übernehmen könnte. Wer hat schon je einen schwarzen Engel gesehen? Im Religionsunterricht der 50er Jahre wurde einer afro-deutschen Freundin von mir erzählt, der »Mohr« Balthasar habe deshalb weiße Fußsohlen und Handflächen, weil er mit seinen Füßen den Heiligen Boden und mit seinen Händen das Christuskind berührt habe.

Findest du es zwiespältig, daß wir uns hier auf dem Sommerinstitut nur unter weißen deutschen Lesben treffen und dich einladen?

May: Ich finde es wichtig, dass sich Schwarze und Weiße je nach Bedürfnis in eigenen Zusammenhängen treffen, um dann wieder in Kommunikation miteinander zu treten. Ich bin allerdings nicht bereit, mich auf jedes Gespräch einzulassen. Vor allem dann nicht, wenn das von vornherein nur in einem Schlagabtausch enden kann oder in einer einseitigen Ausfragerei. Und mit Rechtsextremen oder mit erklärten Frauenfeinden würde ich mich z.B. auf gar keinen Fall an einen Tisch setzen. Das sollen bitte Ex-Faschos und pro-feministische Männer übernehmen.

Viele von uns sind Theologinnen. Wir suchen nach befreienden Traditionen im Christentum. Kann Christentum deiner Meinung nach etwas mit Befreiung zu tun haben?

May: In meinen Augen kann jede Religion befreiend sein und ebenso für unterdrückerische Zwecke benutzt werden. Für mich persönlich waren viele Inhalte des Christentums Bausteine, aus denen ich mein eigenes humanitäres Weltbild aufgebaut habe. Dass ich trotzdem die negativen Botschaften hervorhebe, liegt daran, dass diese mir erst viel später bewusst wurden und ich mich damit weiterhin auseinandersetzen muss. Bei meinem ersten Besuch in Ghana war ich geradezu bestürzt, dass das Christentum auch dort weiß und europäisch bestimmt ist (auch dort gibt es z.B. keine schwarzen Engel). Das Zusammenspiel von Missionierung und Kolonialisierung hat bis heute stark negative Auswirkungen. Die Dominanz des Christentums ist geradezu weltweit. Jesus kennt jedeR, *muss* jedeR kennen. Einer meiner Freunde erzählte mir von seinem Deutschkurs, wo eine Chinesin beim Thema Weihnachten fragte: »Jesus, wer war das bitte?« und damit das Gegenteil bewies.

Lesereise USA 1994

Weißer Stress und Schwarze Nerven

Stressfaktor Rassismus

Für den Gesundheits-Ratgeber Streß, beiseite *schrieb May Ayim 1995 diesen Beitrag der einen Überblick über ihre Forschungsarbeit der letzten Jahre gibt.*

Rassismus ist oftmals ein direkter, noch häufiger ein subtiler Stressfaktor für Menschen afrikanischer Herkunft. In den alten wie neuen Bundesländern ist Diskriminierung und Gewalt gegen MigrantInnen und Schwarze Deutsche inzwischen so alltäglich und offensichtlich geworden, dass niemand mehr daran vorbeisehen kann; gewaltsame Ausschreitungen sind jedoch nur die Spitze des Eisbergs, nicht minder gefährlich und tief verankert sind die subtilen Formen von Missachtung und Ausgrenzung.

Rassismus – ein Stressfaktor mit Geschichte

Diskriminierung und Vorurteile aufgrund von Hautfarbe haben eine lange Tradition, die in der deutschen Gesellschaft bis in die Vorkolonialzeit zurückreicht. Bereits für die Zeit des Mittelalters lassen sich stereotype Vorstellungen über Menschen afrikanischer Herkunft nachweisen; damals waren sie fast ausschließlich von religiöser Voreingenommenheit bestimmt. Die christlich-abendländische Farbsymbolik brachte die Farbe Schwarz mit dem Bösen, dem Unerwünschten und Unrechtmäßigen in Verbindung. Weiß hingegen symbolisiert bis heute das Gute, das Reine, das Makellose. Die frühen Christen betrachteten den dunkelhäutigen Menschen sogar als irdisches Ebenbild des Teufels.[1]

1 Lange, Chris: »Evatöchter wider Willen. Feministinnen und Religion« In: Ika Hügel u.a. (Hg.): *Entfernte Verbindungen. Rassismus, Antisemitismus, Klassenunterdrückung.* Berlin 1993, S. 99.

Im Zeitalter der Aufklärung erhielten Mythen und Vorurteile gegenüber Schwarzen Menschen eine pseudowissenschaftliche Verankerung und genossen bald weite Verbreitung. Rassentheoretiker entwickelten ein Menschenbild, in dem kulturelle und soziale Unterschiede als biologisch und damit naturgegeben behauptet, bewertet und festgeschrieben wurden. Völker und Kulturen wurden in Bezug zur weißen europäischen Kultur gesetzt und klassifiziert: als ›Naturvölker‹, die im Vergleich zu Europa als ›unterentwickelt‹, ›primitiv‹, ›unzivilisiert‹, ›rückständig‹ angesehen wurden.

Es ist wichtig, sich die historische Verwurzelung von rassistischem Denken und Verhaltensweisen zu vergegenwärtigen, denn Werbung, Alltagssprache, Comics und die gesamte moderne Unterhaltungsindustrie benutzen ein umfangreiches Repertoire von Klischees und Zuschreibungen, das bis in die Zeit der kolonialen Eroberungen zurückreicht. Auch die Medien vermitteln ein Überlegenheits- beziehungsweise Unterlegenheitsdenken, wenn es um die Relationen zwischen ›Erster‹ und ›Dritter‹ Welt geht: Gemäß den Werten der hochindustrialisierten Leistungsgesellschaften sind die Normen für Entwicklung und Fortschritt fast durchweg quantifizierbare Konsumgüter oder das statistische Pro-Kopf-Einkommen; sie beschränken sich somit auf ökonomisch-technische Zahlenwerte. Ebenso wäre aber denkbar, dass ein Volk dann als besonders ›entwickelt‹ und ›zivilisiert‹ gilt, wenn es ein hohes Maß an Friedfertigkeit aufzuweisen hat, einen besonderen Grad an Harmonie in den zwischenmenschlichen Beziehungen, und im Verhältnis zu Umwelt und Natur eine besondere Fähigkeit, Konflikte zum Wohle aller Beteiligten zu lösen. Dass keiner dieser Werte ein Maßstab ist, an dem der Status einer Gesellschaft und ihrer soziokulturellen Ausdrucksformen gemessen wird, ist bezeichnend für eine Welt, die durch Aufrüstung, zunehmende Umweltzerstörung und ein wachsendes Maß an psychischen Krankheiten gekennzeichnet ist.

Das Klischeebild vom Hungerkontinent Afrika oder von ›Menschenfressern‹ und ›primitiven Eingeborenen‹ ist belastend und demütigend für Schwarze Menschen. So der Nigerianer E. M.:

> »Die immer wiederkehrenden Fragen stören mich inzwischen so sehr, daß ich es vermeide, mit Leuten in Kontakt zu kommen. Sie fragen mich immer

wieder, was ›wir‹ für Häuser haben, was ›wir‹ essen, wie ›wir‹ leben usw. Ich merke so oft, daß hinter dieser Fragerei nicht einfach Unwissenheit und darauf begründete Neugier steht, sondern daß die Fragenden schon ein festes Bild von Afrika haben, das sie nur noch bestätigt haben wollen. Sie fragen nicht: ›Wohnt ihr in Lehmhütten, und lauft ihr nackt herum?‹, sondern: ›Wohnt ihr in festen Häusern, was tragt ihr dort für Kleidung?‹ «[2]

Schwarze Menschen stehen unter dem Stress, sich gegenüber weißen Menschen ständig als ›progressiv‹ und ›intelligent‹ beweisen zu müssen, und sie sind mit Redewendungen und Alltagsfloskeln konfrontiert, die Schwarzsein per se als hässlich, minderwertig und unerwünscht abqualifizieren: ›Schwarzfahren‹, ›anschwärzen‹, jemandem den ›Schwarzen Peter‹ zuschieben, ›schwarz sehen‹, dies sind nur einige Beispiele für meist unbedachte Äußerungen, die sich gegen Menschen dunkler Hautfarbe richten und auf einer ›Schwarz-weiß-Malerei‹ mit langer Tradition beruhen.

Auch viele scheinbar objektive Sachinformationen und die Inhalte von Schulbüchern, Unterricht und Lehrmaterialien sind von Mythen und Vorurteilen verzerrt, die bereits im letzten Jahrhundert oder noch früher entstanden.

Streßfaktor Ausgrenzung und Verdrängung

Erst als ich am Ende meines Studiums mit eigenen Forschungen zur Geschichte Schwarzer Menschen in Deutschland begann, wurde mir bewusst, dass sie ihren Anfang nicht erst nach dem Zweiten Weltkrieg genommen hatte. Zu meinem Erstaunen und zu meiner Empörung hatte ich bis dahin nie erfahren, dass Schwarze Menschen, und dies in nicht unerheblicher Zahl, während der Weimarer Republik und im Nationalsozialismus Diskriminierung, rassistischer Verfolgung, Vertreibung und Mord zum Opfer gefallen waren. Ein wichtiger Teil der deutschen Geschichte war mir und anderen Schulkameradinnen vorenthalten worden. Während dies für meine weißen Mitschülerinnen aus ihrer

2 Opitz (Ayim), May: Afro-Deutsche. Ihre Kultur- und Sozialisationsgeschichte auf dem Hintergrund gesellschaftlicher Veränderungen. Diplomarbeit. Universität Regensburg 1986, S. 121.

Sicht vielleicht ohne Bedeutung und Auswirkungen war, hieß es für mich und andere Afro-Deutsche, dass wir uns ohne Schwarze Vorbilder, Identifikationsfiguren und geschichtliche Verwurzelung erleben mussten. In der Anthologie *Farbe bekennen* erzählen zwei Schwestern, Doris Reiprich und Erika Ngambi Ul Kuo, von sich. Sie waren im Deutschland der 30er- und 40er-Jahre aufgrund ihrer Hautfarbe permanentem Rassismus ausgesetzt gewesen, und sie überlebten eine Zeit, in der ihr Leben als unwert galt. Über ihre Schulzeit nach 1933 berichtet Erika Ngambi Ul Kuo:

> »Ich hatte an dem Fach Rassenkunde teilzunehmen und mußte mir Slogans anhören wie ›Alle Weißen und Schwarzen hat Gott gemacht, die Mischlinge stammen vom Teufel‹, oder: ›Die Mischlinge können nur die schlechten Eigenschaften von beiden Rassen erben.‹ «[3]

Während der Zeit des Nationalsozialismus überlebten viele Schwarze, weil sie als SchauspielerInnen und StatistInnen in Kolonialfilmen mitwirkten – so auch die beiden Schwestern. So gelang es ihnen, den enormen Stress auszuhalten und auch zu verarbeiten, der durch die rassistische Verfolgung auf ihnen lastete.

Schwarz-weiß-Stress im Kinderalltag

Eine afro-deutsche Frau, die in den fünfziger Jahren aufwuchs, bekam im Religionsunterricht zu hören, Schwarze Menschen hätten deshalb weiße Fußsohlen und weiße Handflächen, weil einer der Heiligen Drei Könige, der »Mohr« Balthasar, mit seinen Füßen heiligen Boden und mit seinen Händen das Christuskind berührt hätte. Mir selbst wurde als einzigem Schwarzen Kind im ersten Theaterstück der Grundschulklasse die Rolle des Teufelchens zugewiesen, und ein Mädchen mit langen blonden Haaren und blauen Augen spielte als Gegenpart von mir das Engelchen. Ich muss damals sieben Jahre alt gewesen sein und es ebenso wie meine weißen Schulkameradinnen bereits als selbstverständlich erachtet haben, dass die Rollenzuteilung in dieser Weise vorgenommen wurde. Oder hat schon mal jemand einen Schwarzen Engel und einen

3 Oguntoye, Katharina/Opitz (Ayim), May/Schultz, Dagmar (Hg.): *Farbe bekennen. Afro-deutsche Frauen auf den Spuren ihrer Geschichte.* Berlin 1986, S. 70.

weißen Teufel gesehen? Zwar wird insbesondere im Religionsunterricht der allgemeinbildenden Schulen immer wieder betont, dass alle Menschen von Gott geschaffen seien, Schwarze Menschen kommen jedoch auf Bilddarstellungen so gut wie nie vor und treten auch in Erzählungen nur selten in Erscheinung. Sofern Schwarze Menschen überhaupt als ProtagonistInnen in Büchern und Filmen auftauchen, haben sie Nebenrollen und üben untergeordnete Funktionen aus. Grundsätzlich lässt sich beobachten: da, wo Schwarze Personen aus sogenannten ›Dritte-Welt-Ländern‹ Akteure sind, sind sie fast nie Mitmenschen in der Bundesrepublik, sondern wohnen beinahe ausschließlich in anderen Ländern oder Kontinenten und werden in Abgrenzung von europäischen Lebenszusammenhängen dargestellt.

Aufgefallen ist mir auch, dass Menschen afrikanischer Herkunft in illustrierten Kinder- und Jugendbüchern oft mit stereotypen Gesichts- und Körperformen gezeichnet und mit Attributen wie ›wild‹ und ›unzivilisiert‹ in Verbindung gebracht werden, und dass weiße Künder immer wieder ermuntert werden, ›diesen armen Menschen‹ zu helfen. Dies ist auch die Botschaft von *Ich und Du,* einem Kinderbuch von Monika Penders und Mavis Smith, von dem es in der Verlagsankündigung heißt:

> »Ein spielerisches, heiteres Buch, in dem die Welt eines Kindes im zivilisierten Europa der Welt eines Kindes in Afrika gegenübergestellt wird. Schon bei Sechsjährigen wird ein kindliches Verständnis für die Notwendigkeit humanitärer Hilfe geweckt.«[4]

Besagte Gegenüberstellung beschränkt sich auf materielle Vergleiche und lässt sich auf die einfache Formel reduzieren: ›Hier ist alles, dort ist nichts.‹ Das Buch gehört zu den ausgewählten Kinderbüchern des Peter Hammer Verlages und ist in der Reihe *Guck mal übern Tellerrand* erschienen. Es lässt den Aspekt außer Acht, dass Menschen gerade aufgrund ihrer Verschiedenheit voneinander lernen könnten. Indirekt und unbeabsichtigt vermittelt es Schwarzen Kindern ein Gefühl von Unterlegenheit und weißen Kindern ein Bewusstsein, im maßgeblichen Teil der Welt zu leben, auf der Geberseite zu stehen und Vorbild sein

4 Opitz (Ayim), May: Ethnozentrismus und Geschlechterrollenstereotype in der Logopädie. Lehranstalt für Logopädie, Berlin 1989.

zu können. Dies ist für Schwarze Kinder um so schmerzlicher und verheerender, als sie selten über Schwarze Eltern, Großeltern, Onkel und Tanten verfügen, die diesem Bild kraft ihrer bloßen Existenz entgegentreten oder etwas entgegensetzen könnten. Afro-Deutsche wachsen in der Regel in einem überwiegend weißen Bezugsfeld auf; diejenigen, die im Heim oder bei Adoptiv- und Pflegefamilien untergebracht sind, meist sogar mit ausschließlich weißen Bezugspersonen.

Ihre ersten Begegnungen mit Schwarzen Menschen finden in der Welt der Kinder- und Jugendbücher statt und bestimmen nicht nur ihr Bild von Afrikanerinnen und Afrikanern, sondern auch ihre Selbstwahrnehmung. In der Regel geschieht dies beiläufig: Wie andere kleine Mädchen in meinem Alter spielte ich mit Begeisterung *Pipi Langstrumpf*, deren weißer Vater als ›N...könig‹ in ›Takatukaland‹ regiert, fürchtete mich vor dem Schwarzen Buhmann, von dem die Erwachsenen behaupteten, er wohne hinter der Kellertür, glaubte daran, dass meine Seele mit jeder Lüge ein bisschen schwärzer würde. Und ich begriff im Vorschulalter allmählich, dass ich mit meiner Hautfarbe genau jenen Menschen glich, die es in Abenteuerbüchern und Abenteuerspielen immer zu bevormunden, zu bemitleiden, zu bekämpfen oder sogar auszurotten galt. Schwarze Menschen, das waren DienstbotInnen, SklavInnen und MenschenfresserInnen, also auf noch niedrigerer Stufe als die angeblich rothäutigen IndianerInnen angesiedelt, die laut Fernsehfilmen und Comic-Heften ebenfalls nur Babydeutsch verstanden. Der Spielalltag zum Thema Afrika war in meinen Kindertagen gewöhnlich im ›Dschungel‹ platziert, und als Schwarzer Mensch brauchte ich nicht viel mehr zu tun, als hinter weißen Personen herzueilen und auf deren Befehle und Anordnungen ergeben zu reagieren: »Ja Massa, wird gemacht, Massa« gehörte zu den Standardfloskeln im Schwarz-weiß-Dialog. Weibliche Helden gab es kaum, Schwarze Heldinnen schon gar nicht, dafür aber schwarze Monster, die im Laufe ihres Lebens viele kleine Ungeheuer zur Welt brachten, die dann frühzeitig bekämpft werden mussten.

Spätestens im Alter von fünf Jahren dürften mir alle nennenswerten Schwarz-weiß-Klischees vertraut gewesen sein, zumindest hatte ich bis dahin so viele Komplexe, dass ich meine Pflegemutter bat, mich weiß zu waschen, und heimlich Seife aß. Meine weißen Spielkameradinnen hingegen fühlten sich wohl in ihrer Haut. Wen wundert es? Sie erlebten sich als kleine und bald schon ausgewachsene Eroberer, Pioniere, Forscher und Herrscher, und sie fanden das ganz normal.

Das ist nun dreißig Jahre her, und doch existieren noch immer die gleichen Formen und Inhalte rassistischer Ausblendung und Diskriminierung. Wenn ich im Berliner Stadtleben und insbesondere in ländlichen Gegenden Deutschlands afro-deutsche Kinder sehe, dann frage ich mich, was für Spiele spielen sie wohl zu Hause, im Kindergarten und in der Schule? Was für Strategien entwickeln sie vielleicht irgendwann, um sich in einer Gesellschaft zu behaupten, die nach außen multikulturell (er)scheint und im Innern rassistisch ist. Eine Gesellschaft, in der Antisemitismus weiterhin virulent und Kolonialismus ein Kapitel nationaler Geschichte ist, das allzu gerne verschwiegen wird. Wer und wo sind die aktuellen Vorbilder afro-deutscher Kinder und Jugendlicher? Wer sind ihre Identifikationsfiguren und Bezugspersonen? Was erfahren sie über ihre Herkunft und was von der Geschichte Schwarzer Menschen in Europa und auf anderen Kontinenten? Wo und wie treffen sie in ihrer unmittelbaren Umgebung auf Schwarze Menschen? Welche Schwarz-weiß-Klischees werden ihnen von den Massenmedien und durch Spiel- und Unterrichtsmaterialien beigebracht? Schaffen sie es, neben all ihren anderen kindlichen Ängsten und Sorgen, die immense Belastung des tagtäglichen Rassismus zu verkraften?

Rassistischer Sprachgebrauch als alltäglicher Stressfaktor

Von den Alltagserfahrungen eines sechsjährigen Schwarzen Kindes berichtet seine ghanaische Mutter:

> »Als er dann auch im Kindergarten ›N…‹ gerufen wurde, bekam er mit, daß etwas Ungutes in diesem Wort steckt… Diese ›N…ruferei‹ verfolgte uns ständig. Überall wo wir gingen, fingen Kinder an zu rufen: ›N…‹, ›N…‹. Und wie sie das sagten und dann schnell wegrannten, da mußte selbst ein Kind merken, daß an dem Wort etwas nicht stimmt, daß man es ärgern will. Eines Tages passierte etwas Komisches. Kofi fragte mich: ›Mama, willst du einmal einen weißen Mann heiraten?‹ Ich war ganz erstaunt und fragte: ›Warum? Wieso?‹

– Und er meinte: ›Ja, weißt du, Mama, er wird uns dann N… nennen.‹ Das fand ich sehr traurig.«[5]

Rassistischer Sprachgebrauch ist etwas, wogegen sich Schwarze Menschen jeden Alters tagtäglich zur Wehr setzen müssen. Das Wort ›N…‹ ist nur ein Beispiel dafür. Immer wieder wird von Schwarzen Menschen verlangt, dass sie den unbeschwerten Umgang mit Begriffen akzeptieren und erdulden sollen, die durch soziale Entwicklungen und Auseinandersetzungen zu Schimpfworten und Beleidigungen geworden sind. Seit der *Black Power-Bewegung* der 60er-Jahre müsste weißen Menschen eigentlich bewusst sein, dass Menschen afrikanischer Herkunft sich gegen die Bezeichnung ›N…‹ aussprechen, da dieser Ausdruck Symbol für Geringschätzung und Versklavung Schwarzer Menschen ist. Gerade der umgangssprachliche Gebrauch des Wortes ›N…‹ macht seinen versteckten Gehalt deutlich: »Ich bin doch nicht dein N…« (Handlanger, Diener, Sklave). Für Kinder ist jeder neueingeführte Begriff zunächst neutral, im Laufe ihrer Sozialisation lernen sie allerdings sehr bald, was sich mit der Wortwahl ausdrücken lässt. Bevor sie dies bewusst erfassen, erspüren sie die versteckten Vorbehalte und Ressentiments, die sich hinter den Begriffen verbergen:

»Wenn ich z.B. mit den Kindern im Kindergarten spielte, dann war ich die gute Tante, aber sobald ich irgendwelche Forderungen, die sie nicht mochten, an sie stellte, war ich plötzlich ein N…. Dann riefen sie: ›He, he, he. Du bist ein N…!‹«[6]

Ein besonderer Stressfaktor ist die Tatsache, dass es in Auseinandersetzungen mit Sprache meist nicht genügt, dass Schwarze Menschen bestimmte Begriffe als rassistisch ablehnen und zurückweisen; es wird von ihnen verlangt, dass sie mit Geduld und Diplomatie erklären, warum das so ist, und oftmals müssen sie sich auch dann noch den Vorwurf gefallen lassen, zu ›empfindlich‹ zu sein. Nach dem Motto: »Du weißt doch, dass ich das nicht so gemeint habe« oder: »Ich kenne aber eine Schwarze Person, die diese Bezeichnung nicht ablehnt, sie sogar selbst

5 Fremgen, Gisela (Hg.): … und wenn du dazu noch schwarz bist. Berichte schwarzer Frauen in der Bundesrepublik. Bremen 1984.

6 Ebenda, S. 37.

benutzt.« Die Verharmlosung von Rassismus, gepaart mit Respektlosigkeit und Ignoranz ist oftmals verletzender als der rassistische Gehalt eines Wortes oder einer Aussage.

Das *Berliner Institut für Fort- und Weiterbildung und Schulentwicklung* stellte 1994 in seinem Heft *Kleine Spiele* das Lied von den *Zehn kleinen N...lein* nicht etwa aus Versehen, sondern mit Bedacht als empfehlenswertes Sing- und Bewegungsspiel vor und versah es noch mit didaktischen Anweisungen: »Die Schüler können die Höraufgabe erhalten, sich zu merken, auf welche Weise die N... umgekommen sind.« Dabei verbietet sich eine solche Empfehlung eigentlich. »Verfaßt im Kolonialgeist des neunzehnten Jahrhunderts«, heißt es in dem Buch *Farbe bekennen* ironisch, »ist das weitverbreitete Lied von den *Zehn kleinen N...lein* eines von vielen, das die Unfähigkeit und Unvollkommenheit von AfrikanerInnen kindgerecht vor Augen führt. Als doppelt verniedlichte Wesen, als kleine N...lein, werden sie in das in Deutschland bzw. Europa spielende Handlungsgeschehen eingeführt, und in jeder Situation, in der ihre Integrationsfähigkeit auf die Probe gestellt wird, scheitern sie.«[7]

So wird in heiterer Melodie und mit eingängigem Rhythmus weißen Kindern ethnozentrisches Überlegenheitsdenken beigebracht. Und Schwarzen Kindern ein Bewusstsein ihrer Minderwertigkeit.

Anpassungsstress in Erziehung, Schule und Beruf

Für Menschen dunkler Hautfarbe bedeutet es einen großen Stressfaktor, sich immer und überall erklären zu sollen, ständig vor verbalen oder auch tätlichen Angriffen auf der Hut sein zu müssen und sich nie unbefangen äußern und bewegen zu können. Bikai D. aus Kamerun erklärt:

> »Ich glaube, daß man als Afrikaner bzw. als Schwarzer keinen Augenblick unbeobachtet bleibt. Wenn ich spazieren oder einkaufen gehe, merke ich, daß die Leute, die mir begegnen, ganz genau beobachten, was ich anhabe, ob ich mich auffällig benehme, und daß sie mir direkt in die Augen schauen. Wenn ich sie dann auch mit Blicken fixiere, schauen sie weg.«[8]

7 Oguntoye, Katharina, a.a.O., S. 127.
8 Opitz (Ayim), May, a.a.O., 1986, S. 117.

Modetrends proklamieren Extravaganz bis zur Auffälligkeit. Was weißen Deutsche allerdings ein selbstgewähltes und gelegentliches bis häufiges Vergnügen bereitet, ist für Schwarze Menschen oft unfreiwilliger und permanenter Stress: J. D., Afro-Deutsche sagt dazu:

> »Früher hat es mich richtig gestört, überall aufzufallen. Das ist jetzt auch noch manchmal so, aber nicht mehr so extrem: Ich achte z.B. schon darauf, mich nicht in auffallend leuchtenden Farben zu kleiden. Die meisten Kleidungsstücke, die ich habe, sind in Blau- und Grautönen.«[9]

Schon in der vorschulischen Erziehung und Sozialisation wird afrodeutschen Kindern in der Regel extreme Anpassungsbereitschaft und Unterordnung sowie Geduld und Verständnis abverlangt. Besonders in Gegenden, wo nur wenige Schwarze Menschen leben, wird ihnen seitens ihrer Bezugspersonen immer wieder angetragen, bloß keine Aufmerksamkeit zu erregen. Helga Emde wuchs in der Nachkriegszeit auf:

> »Ich durfte nirgends auffallen, sonst wäre ich nicht als kleines freches Mädchen aufgefallen, sondern als ›Nigger‹, ›Mohrenkopf‹, ›Sarottimohr‹. Ich durfte um keinen Preis auffallen, aber ich war schon immer für mein Alter groß und kräftig. Ich durfte nicht auffallen und fiel mit meinem krausen Haar und meiner schwarzen Haut jedem ins Auge.«[10]

Da es ein Klischee gibt, wonach Schwarze Menschen intellektuell wenig motiviert und leistungsfähig sein sollen, sind wohlmeinende und ehrgeizige Erzieherinnen oft bestrebt, Afro-Deutsche das Gegenteil beweisen zu lassen. Sie sollen überdurchschnittlich strebsam, ordentlich, anständig, intelligent, sauber und brav sein.

> »Meine Mutter und Großmutter sind als Afro-Deutsche in Deutschland aufgewachsen. Um Vorurteilen gegen Afrikaner zu entgehen, haben sie mich zu besonderer Reinlichkeit und Sauberkeit sowie zu besonderen Leistungen in der Schule und im Beruf erzogen. Ich sollte besser sein als andere oder zumindest zu den ersten gehören.«[11]

---

9 Ebenda, S. 131.
10 Oguntoye, Katharina, a.a.O., S. 104.
11 Ebenda, S. 197.

Von der weißen Außenwelt werden außergewöhnliche Leistungen jedoch oft mit Skepsis betrachtet:

»Ich habe Fremdsprachensekretärin gelernt und bewarb mich nun schriftlich und telefonisch. Daten werden verlangt: Alter, Nationalität ... In meinem Kopf fängt es an zu arbeiten. Kann ich dort erscheinen, mit meinem Berliner Akzent und meiner Hautfarbe? Ist die Nachfrage nach der Nationalität durch meinen Nachnamen, Adomako, entstanden? Ich gehe zu einem der vielen Vorstellungsgespräche. Meisterhafte Inszenierungen finden statt, um Ausländerfeindlichkeit und Vorurteile gegen mich zu verbergen ... Als ich endlich eingestellt bin, geht es weiter. Ich spüre die Vorurteile meiner Kolleginnen und Vorgesetzten. ›Das haben sie aber falsch geschrieben.‹ Zweifel an meinen Fähigkeiten. Afrikaner können das eben nicht. Ich habe diesen Beruf doch gelernt. Dann weiß ich nicht mehr, wer recht hat.«[12]

Die Aussage dieser afro-deutschen Frau macht deutlich, dass Stress nicht nur entsteht, wenn andere an den eigenen Fähigkeiten zweifeln, sondern auch dadurch, dass diese meist ungerechtfertigten Zweifel immer wieder zu prüfen sind und dass in der Regel keine anderen Schwarzen Menschen zur Verfügung stehen, um die eigene Wahrnehmung zu bestätigen oder zu relativieren.

Afro-deutsche Frauen und Männern machten schon in früher Kindheit die Erfahrung, dass ihnen direkt oder indirekt nahegelegt wurde, sich auf ein Leben außerhalb Deutschlands vorzubereiten. Ihre Berufschancen in Deutschland seien schlecht bis null. Oder sie haben sich auf dem deutschen Arbeitsmarkt mit Stellen zufriedenzugeben, die nicht der eigenen Ausbildung und Qualifikation entsprechen, dafür aber gesellschaftlichen Erwartungen Genüge tun: Schwarze Menschen, das sind MusikerInnen, SportlerInnen und Angestellte im Dienstleistungsbereich. Gern wird ihr Tun als ›Naturtalent‹ bewundert, weniger gern als eine individuelle Leistung, wenn sie sich denn tatsächlich erwartungsgemäß in der Unterhaltungsbranche oder als AthletInnen betätigen und Erfolg haben. Janine D. erzählt:

»Viele meinen, daß ich bestimmt eine sehr gute Stimme zum Singen habe, was nicht der Fall ist. In Discos wird oft erwartet, daß ich bei Reggaestücken

12 Ebenda, S. 200.

auf die Tanzfläche springe. Wenn ich es nicht mache, kommt dann häufig die Bemerkung, daß das doch ›meine‹ Musik sei.«[13]

Ich bin immer wieder erstaunt, wie viele Schwarze Deutsche in fürsorgerischen Einrichtungen tätig sind, Frauen vornehmlich in der Alten- und Krankenpflege. Das begrenzte Tätigkeits- und Berufsspektrum ist nicht zufällig und oft nur scheinbar aus freier Entscheidung. Aufgrund der ge-

13 Opitz (Ayim), May, a.a.O., 1986, S. 131.

samtgesellschaftlichen Benachteiligung von Frauen und der komplexen Wechselwirkung von Rassismus und Sexismus sind Schwarze Frauen in besonderer Weise von Diskriminierung und Ausgrenzung betroffen. Karriere, einflussreiche Positionen und Ämter werden ihnen vielfach gänzlich verwehrt. Schwarze Frauen müssen immer zugleich gegen Rassismus und Sexismus kämpfen, was ihre Situation im Vergleich zu Schwarzen Männern noch erschwert.

Strukturelle und individuelle Diskriminierung finden auch in frauenbewegten Zusammenhängen ihren Ausdruck: In feministischen Projekten und Beratungsstellen sind Migrantinnen ungeachtet ihrer fachlichen Qualifikationen oft nur die Dolmetscherinnen; zum Teil werden sie unter dem Vorwand geringerer Kompetenz oder fehlender Zertifikate in all jene Arbeitsbereiche und Handlangerdienste verwiesen, die keine Frau gerne übernehmen möchte. Selten haben sie feste, gut bezahlte Stellen, sehr viel häufiger arbeiten sie mit befristeten Honorarverträgen oder auf ABM-Stellen. Meist behalten weiße deutsche Frauen das Machtmonopol über die Stellenvergabe und beanspruchen als Projektgründerinnen und/ oder Leiterinnen bestimmte Vorrechte, ohne zu hinterfragen, ob eine Migrantin oder Schwarze deutsche Frau jemals die Chance hatte oder hätte, in eine solche Position wie sie zu gelangen.

Quotierungsbeschlüsse, wie sie gegen die allgemeine Benachteiligung von Frauen gefordert werden, sind in Bezug auf Immigrantinnen und Schwarze deutsche Frauen absolute Ausnahme. Im Vergleich mit ImmigrantInnen, insbesondere solchen dunkler Hautfarbe, scheinen Schwarze Deutsche zuweilen ›privilegiert‹; doch ist anzunehmen, dass auch sie, gegenüber weißen Deutschen, überproportional häufig in Erwerbszweigen und Arbeitsbereichen tätig werden, die ein Mehr an körperlicher Beanspruchung und toxischen Belastungen sowie ein höheres Unfallrisiko mit sich bringen. Unabhängig davon bestimmen subtile und offene Benachteiligungen, rassistische Äußerungen und Einstellungen auch den Berufs- und Lebensalltag Schwarzer Menschen, die sich in gesellschaftlich sehr hoch angesehenen Berufen und Positionen befinden. W A., afrikanischer Psychiater:

> »Täglich erlebe ich die Frage: ›Wie kann ein Schwarzer aus Afrika Therapie machen?‹... Es gibt PsychoanalytikerInnen, die mich als außerstande erachten,

deutsche PatientInnen zu behandeln und das aus psychoanalytischer Sicht. Als Hauptargumente führen sie Kultur und Sprache an. Ich kann angeblich die kulturelle Identität meiner PatientInnen nicht verstehen. Ich habe eine andere Mentalität als die Weißen: launisch, aggressiv, triebhaft, labil. Das heißt, diese AnalytikerInnen argumentieren mit Erkenntnissen, die vor hundert Jahren als gültig angenommen wurden, wie z.B. die von Malinowski, wobei Wissenschaft damals vom Kolonialismus geprägt war. Nach dem Motto: Der ›N...‹ ist nicht in der Lage zu denken.«[14]

Weißer Stress in Ost und West

Afro-Deutsche, die in der DDR aufgewachsen sind, haben in Bezug auf den alltäglichen Rassismus ähnliche Erfahrungen wie Schwarze Deutsche in der Bundesrepublik. Zwar waren sie angesichts staatlicher Sanktionierung von Rassismus nur sehr selten mit offener Diskriminierung konfrontiert, die offiziellen Programme zur ›internationalen Solidarität‹ waren jedoch von oben verordnet, auch gab es keine grundlegende Aufarbeitung der deutschen Kolonialvergangenheit. Da private Kontakte zwischen AusländerInnen und DDR-BürgerInnen staatlicherseits tunlichst verhindert wurden, litten Schwarze Menschen noch häufiger und extremer unter Isolation und Vereinzelung. Schwarze Deutsche wurden per se als ›Fremde‹ wahrgenommen:

> »[...] in der DDR kam ich für die Leute entweder aus Afrika oder aus Cuba. In der DDR war aber immerhin klar, daß ich nicht nordamerikanischer Abstammung bin, das ist dort sehr selten.
> [...] mir wurde [...] ganz kraß bestätigt, daß ich fremd bin und nicht als Deutsche gesehen werde. In den Kleinstädten ist es ganz stark, aber auch in Ost-Berlin haben sich die Leute oft nach mir umgedreht: ›Guck mal‹. Ich habe kein Heimatgefühl, weil dieser Druck von außen so groß war.«[15]

Aufgrund der Reisebeschränkungen konnten Afro-Deutsche in der DDR nur selten in Kontakt mit ihrem Schwarzen Elternteil bleiben, wenn dieser das Land verlassen hatte, und/oder Verbindung mit anderen

---

14 W.A.: Falldarstellungen zum Rassismus in der psychiatrischen Praxis. Nordrhein-Westfalen 1990 (unveröffentlicht).

15 Oguntoye, Katharina, a.a.O., S. 152 und 154.

Schwarzen Verwandten aufnehmen. Als die Mauer zwischen den beiden deutschen Staaten fiel, blieben Schwarze Deutsche auch als ehemalige DDR-Bürgerinnen weitgehend unsichtbar, ungehört und ungefragt, wenn es um Erfahrungen vor, während und nach der sogenannten Wende ging. In beiden Teilen des nun vereinigten Deutschlands spricht das Klischee besonderer ›Triebhaftigkeit‹ Schwarzen Frauen und Männern nicht nur intellektuelle Leistungsfähigkeit ab, es diffamiert Schwarze Männer zugleich als potenzielle Vergewaltiger und Schwarze Frauen als frivole Lustobjekte. Das bedeutet, Schwarze Menschen haben nicht nur in allen Bereichen des öffentlichen Lebens mit Ausschluss zu rechnen, auch in persönlichen Freundschaften und intimen Beziehungen können rassistische Klischees zum Stressfaktor werden:

> »Ich habe festgestellt, daß bei vielen Männern die Vorstellung existiert, daß eine farbige Frau eher ›fürs Bett‹ zu haben ist. Ich werde in dieser Hinsicht viel eher und direkter angesprochen als weiße Freundinnen. Das passiert immer wieder, und deshalb bin ich auch doppelt mißtrauisch, wenn sich jemand für mich interessiert.«[16]

Schwarze Menschen fallen im Straßenbild der alten und neuen Bundesländer auf, gleichzeitig erleben sie es, überall ›übersehen‹ zu werden, quasi nicht existent zu sein. Egal, ob es um Hautkosmetika oder Haarbürsten geht, um Heftpflaster oder Prothesen aller Art, die großen und kleinen Dinge des Lebens sind ausschließlich auf die Bedürfnisse weißer Menschen abgestimmt: ›Fleischfarben‹ bedeutet ›weiß‹, Haare sind grundsätzlich mehr oder weniger glatt. Hierzu eine Erfahrung der afro-amerikanischen Schriftstellerin Audre Lorde nach ihrer Brustamputation in einem New Yorker Krankenhaus:

> »Am nächsten Tag [...] schaute eine freundlich wirkende Frau von *Griff nach der Genesung* herein und brachte ›frohe Botschaft‹ und ein kleines, fertiges Päckchen mit einem weichen Schlaf-BH und einem Bausch Lammwolle, der in eine brustförmige, blaßrosa Einlage gestopft worden war. [...] Ich sah weg und dachte: Ob es wohl Schwarze lesbische Feministinnen in *Griff nach der Genesung* gibt?[17]

---

16 Opitz (Ayim), May, a.a.O., S. 132.

17 Lorde, Audre: *Aufheben und Tod. Krebstagebuch.* Berlin 1994, S. 46.

Stress durch Vereinzelung

Im Vergleich zu Ländern mit großem Anteil an Schwarzer Bevölkerung ist die Situation von Menschen afrikanischer Herkunft in Deutschland dadurch erschwert, dass sie sich mit Vorurteilen und Diskriminierung oft ganz allein auseinandersetzen müssen und nicht über den Rückhalt einer starken ›Community‹ verfügen, die als Lobby fungieren könnte. In der Auseinandersetzung mit ihrer Lebens- und Arbeitssituation sind sie oft gänzlich auf sich gestellt und werden gerade dadurch häufig als RepräsentantInnen einer imaginären Gruppe behandelt: Verwunderung, wenn sich Afro-Deutsche in Hautfarbe und Sozialisationserfahrungen sehr unterscheiden und/oder einander nicht kennen: »Ich kenne auch eine Schwarze Deutsche, aber die ist ganz anders als du«, »Ich war mal mit jemand aus Ghana befreundet, der heißt Kofi und lebt auch in Berlin. Kennst du den?«

Mein eigenes Selbstverständnis als afro-deutsche Frau hat sich Mitte der 80er Jahre durch das Kennenlernen und die Vernetzung mit anderen afro-deutschen Menschen positiv verändert. Die Vereinzelung hatte auch für mich zur Folge gehabt, dass ich mich bis dahin als Fremdkörper innerhalb der bundesdeutschen Gesellschaft erlebt und empfunden hatte. Innerhalb meiner Pflegefamilie und während Schulzeit und Studium war ich mit meiner dunklen Hautfarbe und meiner deutschen Sozialisation in einer Position, wo ich nur selten GesprächspartnerInnen fand, bei denen ich mich wirklich verstanden fühlte. Afro-Deutsche sollen stets bereitwillig Erklärungen über Herkunft, Identität und Hautfarbe abgeben, und bei Unzufriedenheit und Verärgerung darüber werden sie zumeist mit dem Vorwurf bedacht, zu empfindlich oder sogar arrogant zu sein.

Jahrelang lebte ich mit dem Empfinden, in der deutschen Gesellschaft weder eine Geschichte noch eine Zukunft zu haben, sondern eines Tages auswandern zu müssen. Dass das sehr belastend ist, steht außer Frage. Inzwischen ist mir klar, dass dies keine Einzelerfahrung ist, und mein Erleben exemplarisch den Umgang mit einer Bevölkerungsgruppe widerspiegelt, die im Bewusstsein weiter Teile der deutschen Gesellschaft einfach nicht existent ist. Eine Erfahrung, die auch jene Afro-Deutschen betrifft, die in der ehemaligen DDR aufgewachsen sind und/oder in den neuen Bundesländern leben.

Eine sichtbare und starke ›Community‹ bewirkt Schutz vor Vereinzelung, wenn auch nicht vor Diskriminierung. Auch Anonymität und Individualität sind dort eher zu finden und die Möglichkeit, sich unter anderen Schwarzen Menschen Freundinnen, Bezugspersonen und Vorbilder zu wählen. Mir zum Beispiel fehlt in allen Gegenden Deutschlands die Gruppe älterer Schwarzer Menschen. Die wenigen afrikanischen und afro-deutschen SeniorInnen leben sehr verstreut und oftmals einsam zwischen weißen RentnerInnen ihres Alters. Wie sieht ihr Leben und ihr Alltag in deutschen Alters- und Pflegeheimen aus?

Stressfaktor Rassismus in psychosozialen Notlagen

Was ist mit Schwarzen Menschen, auch jüngeren, die in psychiatrischen Einrichtungen leben? Für Menschen afrikanischer Herkunft und Schwarze Deutsche, die sich in akuten Krisensituationen befinden, gibt es keinen Ort, der von Rassismus frei ist. W. A., Psychiater und Psychoanalytiker, stellte mir freundlicherweise seine Aufzeichnungen von Falldarstellungen zur Verfügung:

> »Dr. A. aus Ostafrika wurde in der psychiatrischen Klinik aufgenommen, nachdem er Verhaltensstörungen an den Tag gelegt hatte. [...] Es gab erhebliche Probleme bezüglich der Kostenübernahme für die stationäre Behandlung des psychisch auffälligen Arztes. Folgende Bemerkungen sind u.a. gefallen: ›Wir sind doch nicht für alle Schwarzen zuständig. Wenn wir für ihn alles übernehmen, dann kommt der ganze afrikanische Kontinent zu uns. Die N... sollen doch dortbleiben, wo sie herkommen [...]‹ Auf der Station kam es zwischen dem Patienten und Mitpatienten zu Spannungen. Da der Patient in seiner Verwirrtheit dazu neigte, alles zu sammeln, auch Nahrungsmittel, wurde vom Personal u.a. behauptet: ›In der Sahelzone gibt es nichts zu essen, er muß für alle N... sammeln.‹ Der Patient wurde von Mitpatienten in der Nacht zusammengeschlagen. Er trug u.a. Verletzungen im Genitalbereich davon. Er wurde auf die chirurgische Station verlegt, wo er während der Operation verstarb. Er wurde 34 Jahre alt.«[18]

Der Psychiater W. A. äußerte als Afrikaner Furcht vor rassistischer Verfolgung im Falle der namentlichen Veröffentlichung seiner Aussagen.

18 W.A., a.a.O.

Eine Befürchtung, die keineswegs aus der Luft gegriffen ist und der hier behandelten Thematik selbstredend eine weitere Dimension sozialer und politischer Brisanz hinzufügt.

Einrichtungen psychosozialer Versorgung, die sich im Gesundheitswesen und im Beratungssektor Fragestellungen und Problemen im Kontext von Migration und Rassismus widmen, gibt es in Deutschland nur sehr wenige. Auch wenn Therapiebedarf und therapeutische Angebote derart in die Höhe geschnellt sind, dass seit Längerem von einem ›Psychoboom‹ die Rede ist, bleibt dabei völlig außer Acht, ob überhaupt und wenn, wo MigrantInnen oder Schwarze Deutsche therapeutische Unterstützung finden können. Während weiße Deutsche sich einem schier unüberschaubaren Therapieangebot mit der Qual der Wahl gegenübersehen, haben Schwarze Deutsche und MigrantInnen Mühe, überhaupt Therapiemöglichkeiten ausfindig zu machen, geschweige denn etwa auswählen zu können. Für ihre ›speziellen‹ Belange fühlen sich PsychologInnen und TherapeutInnen nicht zuständig, überfordert und inkompetent. Bei der Durchsicht von Publikationen zum Thema Migration und Gesundheit fällt mir auf, dass kulturell bedingte Unterschiede im Zusammenhang mit psychischen und psychosomatischen Beschwerden von MigrantInnen zum Teil eine offen negative, häufig eine subtil herabwürdigende Bewertung erfahren. Dies gilt besonders für Menschen außereuropäischer Herkunft. So scheint Laffrachini die Neurosen seiner Patienten weder im gesellschaftlichen Kontext ihres Auftretens zu interpretieren noch überhaupt besonders ernst zu nehmen:

> »Gerade in dieser Stimmung der Angst und Unsicherheit entstehen und erblühen in ihrer *›primitiven‹* und *›magischen‹* Phantasie alle möglichen pathologischen Vorstellungen. Diese stehen immer in direkter Beziehung zu ihrer Erziehung und zu ihrem Bildungsgrad. [...] Um ihre Männlichkeit wiederzuerlangen, sind die Patienten bereit, alles herzugeben: ›Professore, wenn Sie mich heilen, gebe ich Ihnen alle meine Ersparnisse, ja, ich schenke Ihnen alles, was Sie wollen!‹«[19]

Die meisten der bisher vorliegenden Untersuchungen zur psychosozialen Situation von MigrantInnen und Schwarzen Deutschen sind

---

19 Götz, Vera: Physische und psychische Erkrankungen bei Arbeitsmigranten in der BRD. Gelsenkirchen 1986, S. 158.

medizinisch und symptomorientiert ausgerichtet. Höchst selten bringen WissenschaftlerInnen ihr Forschungsinteresse offen zum Ausdruck und reflektieren selbstkritisch ihre Position und Untersuchungsmethoden. Vielfach wird allenfalls daraufhingewiesen, dass es kulturell bedingte Unterschiede im Auftreten und im Umgang mit Krankheiten gibt, es mangelt jedoch an Hinweisen und Beispielen, wie solche Unterschiede adäquat einbezogen werden können, und wo die Möglichkeiten und Grenzen therapeutischer Einflussnahme liegen. Häufigkeit und Ausprägung einzelner Krankheitsbilder stehen im Blickpunkt des Interesses, nicht aber die persönlichen und gesellschaftlichen Bedingungszusammenhänge, innerhalb derer diese Krankheiten entstehen. Im Ergebnis sind es dann nicht die krankmachenden Verhältnisse, sondern oft die Patientinnen selbst, die problematisiert werden. WA., Psychiater:

> »Ich habe zurzeit einen dreiundvierzigjährigen afro-deutschen Patienten, der als Kind von seiner Mutter in einer Tragetasche ausgesetzt wurde [...] Dieser Patient war zuvor bei einem weißen deutschen Nervenarzt, aber dieser Arzt war meines Erachtens auch für weiße Deutsche nicht kompetent. Er behauptete, ›daß Mischlinge sowieso Probleme haben müssen und daß diese Probleme nicht therapierbar sind, weil sie mentalitäts- und rassenspezifisch sind‹. Mit dieser Erklärung schickte er den Patienten weg.«[20]

Schwarzer Stress im weißen Alltag

Zu all diesen Stressfaktoren kommt noch hinzu, dass wir uns auch als Schwarze Menschen gegenseitig enorm unter Druck setzen: Wir erwarten voneinander, all die Fehler nicht zu machen, die wir an weißen Menschen kritisieren; wir möchten an anderen Schwarzen Menschen erleben, dass sie souverän mit Rassismus und Diskriminierung umgehen, uns Vorbild und Verbündete sind, und dass diejenigen, die einflussreiche Posten haben, nicht nur in ihrem Aufgabengebiet gute Arbeit leisten, sondern auch darüber hinaus für unsere Interessen als Schwarze Bevölkerungsgruppe wortführend und tatkräftig eintreten. Von einer Schwarzen Person vor der Kamera wird beispielsweise erhofft und erwartet, dass er/sie andere Schwarze Personen nicht durch Überangepasstheit, Arroganz

20 W.A., a.a.O.

oder Unqualifiziertheit ›blamiert‹. Das heißt, wir passen uns zuweilen, und das meist unbewusst, den gesellschaftlichen Rassismen und ihren Zwängen an. Oftmals sind wir sehr viel strenger, unbarmherziger und anspruchsvoller im Umgang mit anderen Schwarzen Menschen als mit Weißen. Auch können wir untereinander unsere Unterschiedlichkeit in Bezug auf Herkunft, Hautfarbe, Sozialisationserfahrungen oder politisches Bewusstsein manchmal nur schwer verkraften. Wir möchten uns gerne als eine Einheit erleben, aber wir sind es nicht. Einige von uns haben es beispielsweise geschafft, in einer rassistischen Umgebung zu leben, indem sie sich besonders angepasst haben, andere sind unter ähnlichen Umständen rebellisch geworden. Manche Afro-Deutsche haben viele Kontakte zu anderen Menschen afrikanischer Herkunft, einigen fehlt sogar jeglicher Kontakt zu Schwarzen Familienmitgliedern. Schwarze Deutsche können sich weder auf den afrikanischen noch auf den deutschen Teil ihrer Herkunft zurückziehen und sie sind somit direkt herausgefordert, ein Selbstbewusstsein zu entwickeln, das seine Stärke weder aus Abgrenzung noch aus Vereinnahmung zieht. Dies ist etwas, das gerade auch weiße Menschen lernen müssen, die sich bisher ungehindert auf Privilegien und ihre Vormachtstellung zurückziehen konnten.

Weißer Stress und Schwarze Nerven. Was tun?

Unser Leben als Schwarze Menschen in einer sich als ›weiß‹ begreifenden Gesellschaft wird stressfreier sein, wenn wir es schaffen, mehr aufeinander zuzugehen, einander zu akzeptieren und voneinander zu lernen. Je mehr wir über unsere Geschichte und Gegenwart wissen, desto weniger können uns andere etwas »weis/ß«machen. Zugleich wird das Gefühl von Vereinzelung schwinden, wenn wir Kontakte zu anderen Schwarzen innerhalb und außerhalb Deutschlands knüpfen, insbesondere zu solchen der älteren Generation.

Es ist wichtig, dass wir uns als Schwarze Menschen Zusammenhänge schaffen, in denen wir unter ›uns‹ sein können, um Gemeinsamkeiten und Unterschiede zu begreifen und nutzbringend in unseren Alltag und in die politische Arbeit einzubeziehen. Aber auch, um einfach einmal nicht mit weißem Rassismus konfrontiert zu sein, um uns Momente der Entspannung und Ungezwungenheit zu verschaffen. Für den Abbau struktureller Benachteiligungen ist es erforderlich, dass wir immer wieder, zumindest punktuell, Bündnisse mit möglichst vielen ausgegrenzten Gruppen und auch mit progressiven Weißen eingehen, um beipielsweise ein Anti-Diskriminierungsgesetz und die Quotierung von Stellen durchzusetzen. Gemeinsame Aktionen sind nicht nur wirksamer, sie sparen auch Kraft und können sogar Spaß machen.

Rassismus und Verdrängung im vereinten Deutschland

1991 fand in Berlin, Bielefeld und Frankfurt a.M. das Fünfte Interkulturelle Sommerinstitut für Schwarze Frauenstudien *statt. Es war das erste Mal, dass ein internationaler Kongress zu diesem Thema in Deutschland veranstaltet wurde und das war besonders für die hier lebenden Schwarzen Frauen ein wichtiger Meilenstein. 1994 ging daraus der Band* Schwarze Frauen der Welt *hervor, in dem auch der folgende Beitrag von May Ayim enthalten ist.*

Das Thema ›Rassismus und Verdrängung im vereinten Deutschland‹ ist nicht nur sehr weit gefasst, es beinhaltet auch zwei unterschiedliche Perspektiven: Bis vor kurzer Zeit waren die BRD und die DDR zwei räumlich und ideologisch getrennte Staaten, was sich sowohl rückblickend als auch gegenwärtig in aktuellen Erscheinungsformen und Umgangsweisen mit dem Rassismus in Ost- und Westdeutschland zeigt.

Ich selbst habe bisher ausschließlich in westdeutschen Städten gelebt und im Westteil von Berlin, und das wird den Blickpunkt und die Schwerpunkte meiner Ausführungen bestimmen.

Ich bin in den 60er-Jahren in vor- und kleinstädtischer Umgebung in Nordrhein-Westfalen aufgewachsen, und zwar in einer weißen deutschen Pflegefamilie. Ich hatte vier weiße Geschwister und war von uns Fünfen die Zweitälteste.

Die 60er-Jahre waren der Zeitraum, in dem viele Männer und Frauen aus vorwiegend europäischen Nachbarländern zur Arbeitsaufnahme in die Bundesrepublik angeworben wurden. 1955 wurde in diesem Zusammenhang der erste Vertrag der Bundesregierung mit Italien geschlossen, in den 60er-Jahren folgten Verträge mit Spanien, Griechenland, Türkei, Portugal, Tunesien, Marokko und Jugoslawien.

Diese Anwerbung begann in einer Zeit, als es in der Bundesrepublik 1,2 Millionen Arbeitslose gab. Offenbar konnten diese Arbeitslosen nicht vermittelt werden, und offensichtlich war es für die Industrie nutzbringender, AusländerInnen anzuwerben, als den Arbeitsmarkt für InländerInnen attraktiver zu gestalten. Industrielle konnten auf diese Weise schlechte Arbeitsbedingungen beibehalten oder sogar wieder einführen (wie Schicht-, Akkord-, Fließband- und Nachtarbeit). Die bundesdeutsche Regierung und deutsche Unternehmer und UnternehmerInnen sahen die Einwandernden nicht vorrangig als Menschen, sondern als manövrierbare Arbeitskräfte, von denen man/frau sich erhoffte, dass sie, je nach wirtschaftlicher Situation in der Bundesrepublik, das Land verlassen oder (wieder) einreisen würden. ›Rotationsprinzip‹ hieß das offizielle Schlagwort für die erstrebte Pendelbewegung, und ›GastarbeiterIn‹ war die höflich klingende Umschreibung für die Tatsache, dass für die ›Eingeladenen‹ kein Daueraufenthalt vorgesehen war.

Erst Anfang der 70er-Jahre bemühte man sich um sogenannte Integrationsmaßnahmen. Dazu gehörten z.B. LehrerInnenfortbildungen für die Arbeit mit Kindern von MigrantInnen. Die staatlichen Programme waren nur selten entgegenkommend gemeint in dem Sinne, dass sie das Heimisch- und Sesshaftwerden der MigrantInnen von vornherein erleichtern sollten. Viel häufiger waren sie verspätete Reaktionen auf gegebene Tatsachen und auf allmählich offen zutage tretende Feindseligkeit. Vor allem im Verlauf der Wirtschaftskrisen Ende der 60er- und Anfang der 70er-Jahre trat der latent vorhandene Rassismus an die Oberfläche und äußerte sich in entsprechenden ›Ausländer-raus‹-Parolen und in der Verbreitung rechtsextremer Ideologien.

Die Integrationsmaßnahmen zielten auf die Vermeidung von sozialen Konflikten und forderten die einseitige Anpassung der ImmigrantInnen an deutsche Verhältnisse bei gleichzeitiger Verweigerung der BürgerInnenrechte (z.B. Wahlrecht). Wenn ich an meine Kindheit zurückdenke, erinnere ich mich zwar nicht an ArbeitsmigrantInnen in meiner unmittelbaren Umgebung, aber ich erinnere mich an häufig gehörte Aussprüche, wie z.B. ›Spaghettifresser‹ zur Bezeichnung und Ächtung von ItalienerInnen, oder an die Behauptung, dass fast alle AusländerInnen bei der Müllabfuhr arbeiten.

Tatsächlich sind bis heute die meisten der schlecht bezahlten Arbeitsplätze und die mit den gefährlichsten Arbeitsbedingungen von ImmigrantInnen besetzt. Die damals angeworbenen Arbeiterinnen und Arbeiter wurden zwar nach beruflichen und gesundheitlichen Kriterien sorgsam ausgewählt, diese Kriterien standen jedoch in keinem Verhältnis zu den miserablen Arbeitsplätzen, die sie erwarteten; die Auswahlpraktiken als solche waren bereits entwürdigend und sexistisch. Zum Kriterium ›gesundheitliche Tauglichkeit‹ gehörte z.B., dass bei Frauen eine Schwangerschaft ausgeschlossen werden musste. Wurde bei einer bereits eingereisten Frau eine Schwangerschaft festgestellt, so konnte sie in ihr Herkunftsland – auf Staatskosten – zurückgeschickt werden. Der deutsche Unternehmer bzw. die deutsche Unternehmerin hatte quasi Reklamationsrecht.

Ausmusterungsgründe waren außerdem: fortgeschrittene Karies, Paradontose, Hör- und Sehstörungen.

Auch wenn es für manche so aussehen mag – Tatsache ist, dass die meisten Menschen aus fernen Ländern, die sich in der Bundesrepublik aufhalten, sich nicht ›frei‹ entscheiden konnten, ob und wann sie hierherkamen. Sie sind keine TouristInnen. Sie verließen ihr Land auf der Flucht vor Hunger, Krieg, Verfolgung und Vertreibung und/oder auf der Suche nach Arbeits- und Ausbildungsmöglichkeiten. Dass in Europa mit dem Golfkrieg – für kurze Zeit! – Krieg, Angst und Bedrohung plötzlich zu aktuellen Tagesthemen wurden, heißt nicht, dass die meisten Menschen auf diesem Globus in den letzten Jahrzehnten in Frieden gelebt hätten.

Mein Vater kam Ende der 50er-Jahre aus Ghana nach Deutschland, um hier zu studieren. Ghana erlangte als erstes afrikanisches Land 1957 den völkerrechtlichen Status der Unabhängigkeit; in den darauffolgenden Jahren kamen mehr und mehr AfrikanerInnen auch aus anderen afrikanischen Ländern nach Deutschland, zunächst vorwiegend StudentInnen, inzwischen hauptsächlich Flüchtlinge.

Mein Vater kam und blieb nicht.

Ich habe ihn immer besser aus Erzählungen gekannt als aus realen Begegnungen; ich blieb lange Zeit die einzige Schwarze in meiner Umgebung. Die ersten Begegnungen mit anderen Schwarzen Menschen erlebte ich – wie die Geschwister in meiner Pflegefamilie – in der imaginären Welt meiner Kinderbücher und Kinderlieder: *Onkel Toms Hütte* und die *Zehn kleinen N...lein* beispielsweise.

Die Vorstellung, die ich als Kind aus der Welt der Erwachsenen übernahm, war: Schwarze Menschen sehen komisch aus; sie sind etwas hässlich, gruselig und ein bisschen doof. Oder sie sind breit grinsend, ganz nett und freundlich und trotzdem ein bisschen doof.

Irgendwo dazwischen muss ich mich auch selbst gesehen haben. Es fiel mir leichter, mich mit weißen Prinzessinnen zu identifizieren als mit Figuren, die mir ähnlich sahen. Ich ging noch nicht zur Schule, da bat ich meine Pflegemutter, sie möge mich weiß waschen. Ich hatte schon die erste Lektion in Sachen Rassismus gelernt: weiß ist besser!

Als mein afrikanischer Vater eines Tages leibhaftig vor der Tür stand, war das die Sensation und der Schrecken für die gesamte Umgebung, für meine FreundInnen und SpielkameradInnen der Schrecken des Tages. Die einen staunten mit offenem Mund und tuschelten hinter vorgehaltener Hand, die anderen rannten vor Schreck weg.

In der Schule erfuhren wir – und mit ›wir‹ meine ich so ziemlich alle von uns, die in der Bundesrepublik aufgewachsen sind – nichts über das Leben von ImmigrantInnen in der Bundesrepublik und schon gar nichts über Schwarze Menschen in diesem Land.

Wir erfuhren nicht, dass der einmillionste Immigrant, ein Portugiese, bei seiner Einreise in die Bundesrepublik ein Motorrad geschenkt bekam und willkommen geheißen wurde.

Wir erfuhren nicht, wann und warum sich die geheuchelte Freundlichkeit gegenüber ImmigrantInnen in offene Feindseligkeit verwandelte.

Wir erfuhren nicht, dass sich einige Lebenswege von AfrikanerInnen in Deutschland bis in die Zeit des Mittelalters und noch weiter zurück dokumentieren lassen.

Wir erfuhren nicht, dass der erste afrikanische Student mit einer juristischen Arbeit über Schwarze in Europa promovierte – und dies nicht im Jahre 1967, sondern im Jahre 1729!

Und wir erfuhren nicht, dass Schwarze Deutsche in der Nazizeit verfolgt, zwangssterilisiert, vertrieben und umgebracht wurden.

Wir hörten von Carl Peters, ›Hänge-Peters‹ genannt, weil er in den deutschen Kolonien Ostafrikas die meisten Schwarzen pro Tag ermordete.

Wir hörten von ›Eingeborenen‹, ›Menschenfressern‹ und den grausamen ›Wilden‹, die durch die ›Großtaten europäischer Entdecker‹ von der ›Barbarei‹ in Richtung ›Zivilisation‹ ›entwickelt‹ wurden.

Bis heute sollten sie sich entwickeln und einwickeln lassen. Je nach Verpackungskunst und Interessenlage wird Unterdrückung von den Herrschenden kaschiert und Verarmung zur ›Ursprünglichkeit‹ hochfrisiert.

Mit anderen Worten: Was die Themen Kolonialgeschichte, Nationalsozialismus und Rassismus betrifft, so sind wir in der Schule auf ganzer Linie gründlich fehlinformiert und verdummt worden.

Viele der ArbeitsmigrantInnen der ersten Einwanderungsgeneration haben in der Bundesrepublik inzwischen das Rentenalter erreicht. In Bielefeld wurde 1987 der erste türkische Seniorenclub eröffnet.

Derzeit leben über fünf Millionen ImmigrantInnen im nunmehr vereinten Deutschland. Über 80 Prozent der sogenannten AusländerInnen leben hier schon mehr als zehn Jahre, und 60 Prozent ihrer Kinder sind bereits hier geboren. Doch noch immer versteht sich die Bundesrepublik nicht als Einwanderungsland, noch immer gilt Schwarz und deutsch als exotische Kombination. Wer nicht typisch deutsch aussieht – maßgebend ist noch immer der arische Idealtypus –, der bzw. die gehört hier scheinbar nicht hin.

Als ich vor einigen Jahren eine afro-deutsche Frau kennenlernte, die 1895 in Hamburg geboren wurde, habe ich auch gestaunt. Inzwischen ist es mir selbstverständlich, dass viele Schwarze Deutsche längst Enkel und Urenkel haben.

Das zeigt zugleich, dass sich auch für mich in den letzten Jahren viel geändert hat. Vor allem durch die Arbeit an dem Buch *Farbe bekennen,* das von Dagmar Schultz, Katharina Oguntoye und mir herausgegeben wurde, hat sich mein Bewusstsein in Bezug auf mich selbst und mein Bewusstsein als Schwarze in Deutschland sehr verändert. Inzwischen gibt es in verschiedenen Städten, sowohl im Osten als auch im Westen Deutschlands, organisierte Gruppen von Schwarzen Deutschen, und auch wenn die Schwarze Community in diesem Land klein ist, ist sie da, sie ist tatkräftig, und sie wächst beständig.

Die Vereinigung von DDR und BRD hat für ImmigrantInnen, Exilierte, JüdInnen und Schwarze Deutsche bisher nicht viel sichtbar

Positives gebracht, sondern eher viel offensichtlicher werdenden und wachsenden Rassismus und Antisemitismus. Zurzeit ist besonders in den fünf neuen Bundesländern rassistische Gewalt ein alltägliches Faktum, und bereits bei den anfänglichen Ost-West-Feierlichkeiten war unsere Teilnahme nicht gefragt. Nord-Süd war plötzlich out. Erst im Wahlkampf stand wieder ›Multikulturelles‹ auf dem Programm. Aber dass wir ›out‹ sind, heißt nicht, dass wir nicht mehr da sind. Und dass wir meist nur zu ›unseren‹ Themen – Rassismus, Ausländergesetz, Migration etc. – eingeladen sind, heißt nicht, dass wir uns nicht trotzdem überall einbringen werden.

›Rassismus und Verdrängung‹ wird auf absehbare Zeit ein aktuelles Thema in Deutschland bleiben. Das ist bezeichnend und beängstigend, und dennoch ist es für mich kein Grund zur Resignation, sondern viel eher eine Aufforderung zu verstärkter Aktion, was z.B. beinhaltet, mehr und bessere Strategien und Bündnisse zu schaffen, sowohl national als auch international. Und dazu, wie Audre Lorde sagt, brauchen wir nicht Freundinnen und Freunde zu werden, sondern müssen lernen, zusammenzuarbeiten.

Ab 1992 werden die Grenzen zwischen den europäischen Ländern abgebaut. Gleichzeitig laufen in allen europäischen Ländern Vorbereitungen, sich noch stärker als bisher von den weiterhin in Abhängigkeit gehaltenen Ländern der sogenannten ›Dritten Welt‹ abzugrenzen.

Restriktive Gesetze beschränken zunehmend Einwanderungsmöglichkeiten, Aufenthaltsrecht und Arbeitsmöglichkeiten für Exilierte und ImmigrantInnen in allen europäischen Ländern, und der alltägliche Rassismus bedroht auch das Leben derer, die sich nicht vor Abschiebung oder Ausweisung zu fürchten haben.

Es sind nicht ›Minderheiten‹, die da ausgeschlossen werden sollen. Nein, wir sind die Menschen der Mehrheiten.

Literatur

Lorde, Audre: *Lichtflut,* Berlin 1988

Oguntoye, Katharina/Opitz, MaySchultz, Dagmar (Hg.): *Farbe bekennen. Afrodeutsche Frauen auf den Spuren ihrer Geschichte,* Berlin 1986

Die afro-deutsche Minderheit

Das Lexikon Ethnische Minderheiten in der Bundesrepublik Deutschland *wurde 1995 herausgegeben. May Ayim verfasste hierfür einen Text zur historischen und aktuellen Situation Afro-Deutscher.*

Schwarze Deutsche werden auch in der Bundesrepublik der 90er-Jahre gewöhnlich als ›Ausländer und Ausländerinnen‹ betrachtet. Ihr Aufenthalt in Deutschland wird als vorübergehend begriffen und ihre gesellschaftliche Verwurzelung häufig und ausschließlich mit der Besatzungszeit nach dem Zweiten Weltkrieg in Verbindung gebracht. ›Afro-deutsch‹ ist eine Selbstdefinition, die von deutschen Frauen afrikanischer und afro-amerikanischer Herkunft, in Auseinandersetzung mit Fragen ihrer Identität, Anfang der 80er-Jahre formuliert wurde und seitdem Verbreitung findet.

> »Mit dem Begriff ›afro-deutsch‹ kann und soll es nicht um Abgrenzung nach Herkunft und Hautfarbe gehen, wissen wir doch allzu gut, was es heißt, unter Ausgrenzung zu leiden. Vielmehr wollen wir ›afro-deutsch‹ den herkömmlichen Behelfsbezeichnungen wie ›Mischling‹, ›Mulatte‹ oder ›Farbige‹ entgegensetzen, als einen Versuch, uns selbst zu bestimmen, statt bestimmt zu werden« (Oguntoye u.a. 1986, S. 10).

Die Geschichte Schwarzer Menschen in Deutschland umfasst viele Generationen. Über die Jahrhunderte kamen immer wieder Schwarze nach Deutschland; so hatte beispielsweise Caesar Afrikaner in seinen Truppen. Für die neuere Geschichte lässt sich die Bevölkerungsgruppe der Afro-Deutschen in mehrere Gruppen gliedern, deren zeitgeschichtlicher Entstehungszusammenhang in der ersten Generation mit der Kolonialgeschichte Deutschlands verknüpft ist.

Da bei Volkszählungen nur selten nach Hautfarbe differenziert wurde (ein Tatbestand, der keinesfalls zu bedauern ist), lässt sich nicht ermitteln, wie viele Afro-Deutsche in der Bundesrepublik gegenwärtig leben, bzw. wie sich der Zahlenumfang dieser Bevölkerungsgruppe im Verlauf der letzten Jahrhunderte verändert hat. Zu bedenken ist, dass das Maß an Toleranz und Ausgrenzung, das einer bestimmten Bevölkerungsgruppe entgegengebracht wird, nicht an Zahlenproportionen von gesellschaftlicher Majorität und Minorität abgelesen werden kann. Südafrika, wo jahrhundertelang eine kleine Minderheit von 20 % Weißen über das Leben einer gesellschaftlichen Mehrheit von 80 % Schwarzen geherrscht hat, ist ein offensichtliches Beispiel dafür, dass Rassismus nicht so sehr eine Frage von ›Minderheit‹ und ›Mehrheit‹, sondern vielmehr eine Frage von Privilegien und Macht ist.

Die Geschichte Schwarzer in Deutschland und Schwarzer Deutscher

Während der Kreuzzüge, im Kampf gegen den Islam, galten die seit dem 4. Jahrhundert christlichen Äthiopier als hoffnungsvolle Verbündete. Christliche Schwarze wurden daher in der mittelalterlichen Kunst und Literatur ein häufiges Motiv für Heiligenlegenden.

Seit dem 12. Jahrhundert, als die Gebeine der ›Heiligen Drei Könige‹ aus Italien nach Deutschland überführt wurden, wird einer der Könige in der Figur des Kaspar als Schwarzer dargestellt. Positive Vorstellungen über Schwarze Menschen verringern sich jedoch mit dem Vordringen des Islams auf dem afrikanischen Kontinent und im Zuge kolonialistischer Bestrebungen. In der Bezeichnung ›Mohr‹, der bis zum 18. Jahrhundert gebräuchlichen Begriffszuschreibung für Schwarze Menschen, spiegeln sich vor allem religiös geprägte Voreingenommenheiten und Ablehnung gegenüber Schwarzen als Menschen afrikanischer Herkunft und als ›Heiden‹.

Die christlich-abendländische Farbsymbolik brachte die Farbe Schwarz von jeher mit dem Verwerflichen und Unerwünschten in Verbindung. Entsprechend sind in der frühen Literatur Beispiele zu finden, wo weiße Menschen durch unrechtmäßiges Verhalten zu ›Mohren‹ werden. Im Kirchenvokabular des Mittelalters wurden in markanter Weise die Bezeichnungen ›Aethiops‹ und ›Aegyptius‹ zeitweise als Synonyme für den Begriff Teufel benutzt. Religiös bestimmte Vorurteile und Diskriminierungen bildeten so einen Teil des Fundamentes, auf dem sich in der Kolonialzeit mühelos ein Konglomerat rassistischer Überzeugungen entfalten konnte, welches die schwarzen Heiden ›Mohren‹ zu schwarzen Untermenschen (N...n) werden ließ.

Stereotype Vorstellungen und mystifizierende Projektionen in Bezug auf Menschen afrikanischer Herkunft lassen sich bis in die Zeit des Mittelalters nachweisen. Die deutschen Kontakte zu Afrika beschränkten sich in dieser Periode weitgehend auf finanzielle Beteiligung an Handelsbeziehungen. Besonders die großen Handelshäuser Fugger, Welser und Imhoff finanzierten einige der ersten Flotten, die unter portugiesischer und spanischer Flagge Handel trieben. Auf diesem Wege wurden auch Afrikaner als exotische Mitbringsel nach Deutschland gebracht und in vornehmen Häusern als Bedienstete eingesetzt.

Insbesondere mit Beginn der Kolonialzeit wurden Werk und Wirken von Menschen afrikanischer Herkunft in den Schatten weißer Geschichtsschreibung gedrängt, unterdrückt und vernichtet. Selbst Fakten über den Lebensweg von Afrikanern und Afro-Deutschen, die es schafften, dem üblicherweise vorgesehenen Dienstbotendasein zu entgehen, sind nur vereinzelt auffindbar und müssen mühsam zusammengetragen werden. Zu hohem sozialen Ansehen gelangten allerdings nur wenige, z.B. die afro-deutsche Prinzessin Charlotte Sophia als Gemahlin des englischen Königs Georg III. im 18. Jahrhundert oder Anton Wilhelm Amo aus dem heutigen Ghana, der zu Beginn des 18. Jahrhunderts im Hause des Herzogs von Wolfenbüttel aufwuchs, die Schule besuchte und an der Universität Halle promovierte. Amo wurde von Friedrich Wilhelm I. zum Staatsrat der preußischen Krone ernannt und verließ Deutschland 1743 aufgrund zunehmender rassistischer Diskriminierungen (vgl. Brentjes 1977). Erst in jüngster Zeit wird allmählich wieder bekannt, dass der berühmte Komponist Ludwig van Beethoven (1770–1827) afrikanischer Abstammung war und eine dunkle Hautfarbe hatte (Rogers 1952, S. 289).

Schwarze Menschen im Zeitalter der Aufklärung und der Rassenideologien

Rosemarie Lester ist dem Bild Schwarzer Menschen in der Geschichte der Kunst nachgegangen und zeigt, dass früher Gemälde aus der Zeit des 11. Jahrhunderts und bis zum Zeitalter kolonialer Besitzergreifung weitestgehend getreue Porträts afrikanischer und afro-deutscher Menschen liefern, während in den darauffolgenden Jahrhunderten bis zur Neuzeit mehr und mehr Bilddarstellungen vorkommen, die Schwarze Menschen karikieren und/oder sie in einen sozialen und historischen Kontext setzen, der ihnen nicht entspricht.

Die Subjekte ethnologischer Betrachtung und Begegnung werden im Europa der Kolonialzeit zum Objekt der eigenen Vorstellungen, Interessen und Projektionen. Rassistische Ideologien wurden im Europa des 17. und 18. Jahrhunderts entwickelt und erhielten gerade im Zeitalter der Aufklärung eine tiefe Verwurzelung, als sich die revolutionären Forderungen nach Freiheit und Gleichheit nicht mehr mit Standesprivilegien vereinbaren ließen und auch nicht mit einer Vorrangstellung von Männern gegenüber Frauen. Die Durchsetzung rassistischer und sexistischer Ideologien erfüllte die Funktion, Privilegien, die nicht mehr als ›gottgewollt‹ verteidigt werden konnten, auf Unterschiede in der Biologie der Menschen zurückzuführen und sie damit aufs Neue festzuschreiben. Rassentheoretische Abhandlungen waren Ausdruck einer konstruierten Polarisation nach sozialer Klasse, ethnisch-kultureller Herkunft und Geschlecht. Gustav Klemm unterschied in seiner zehnbändigen Veröffentlichung zur Allgemeinen Kulturgeschichte ›aktive männliche‹ und ›passive weibliche‹ Völker. Die Ersteren seien die Völker der Entdeckungen, Erfindungen und Rechtssysteme, die Letzteren diejenigen, die seit jeher selbstgenügsam und zufrieden mit ihrem Lebensunterhalt und ohne politische Ansprüche vor sich hingelebt hätten. Unter ökonomischer, waffentechnischer und politischer Machtausnutzung waren es letztlich die weißen männlichen Europäer, die sich zum Maßstab der Herrenrasse setzten. Im Rang folgten die weißen Frauen, dann die Schwarzen Männer und zuletzt die Schwarzen Frauen. Innerhalb Europas legitimierten diese Rassentheorien soziale und Geschlechterprivilegien, außerhalb Europas rechtfertigten sie die Unterwerfung und Vernichtung ganzer Völker und Kulturen als ›natürliches Recht‹ und ›Kulturauftrag‹ der ›höheren Rasse‹. Mit dem Niedergang der Ständegesellschaft und dem schwindenden Einfluss der Kirche als normgebender Instanz waren es immer weniger religiöse Werte und ästhetische Maßstäbe, auf deren Hintergrund sich die Abwertung und Ausgrenzung von Menschen afrikanischer

Herkunft und dunkler Hautfarbe vollzog, sondern stattdessen die mit dem Aufkommen des Industriekapitalismus neue Arbeitsweise und Arbeitsmoral. Andere Völker und Kulturen wurden von Ethnologen und Anthropologen auf der Grundlage ihrer technischen Entwicklungen in Bezug zum weißen Europäer gesetzt und als ›barbarisch‹, ›primitiv‹ und ›unzivilisiert‹ klassifiziert: Begriffszuordnungen, die bis heute in der Betrachtung außereuropäischer Kulturen als scheinbar neutrale Bezeichnungen benutzt werden, während sie zugleich, in Anwendung auf die eigene Person oder Bevölkerung, als Schimpfworte verstanden werden.

Als geradezu spiegelbildlicher Gegenentwurf zum Barbaren, Kannibalen und stumpfsinnigen Untermenschen entwickelte sich mit Aufkommen der Industrialisierung das Modeklischee der ›Edlen Wilden‹, die sich durch Sanftmut und Unschuld auszeichnen und sorgenfrei ein glückliches Leben führen. Ebenso wie die von kolonialen Interessen geleiteten Projektionen, die afrikanische Menschen bestenfalls als zu disziplinierende Kinder karikierten, hatten diese Vorstellungen kaum etwas mit der tatsächlichen Realität Schwarzer Menschen zu tun. Sie waren vielmehr Ausdruck eigener Wunschvorstellungen und Sehnsüchte in der zunehmend materialistisch geprägten europäischen Welt. Auch aus der Perspektive des Wohlwollens blieb die Betrachtung afrikanischer Menschen von oben herab auf die gleichsam als unmündig und naiv angesehenen ›Naturkinder‹. Nur selten wurde an der eurozentrisch konstruierten Hierarchie der Menschenrassen gezweifelt, in der weißen Menschen die oberste Stellung zugeschrieben wurde, auch wenn vereinzelt starke Kritik an den gesellschaftlichen Verhältnissen innerhalb Europas und an kolonialer Ausbeutung und Versklavung geübt wurde. Kritik, die im 19. Jahrhundert nur noch selten laut wurde, denn der Kolonialgeist zog immer weitere Kreise.

Schwarze Menschen während der Hochblüte des deutschen Kolonialismus

1884 teilten die europäischen Großmächte auf der Berliner Kongo-Konferenz den afrikanischen Kontinent unter sich auf. Afrika sollte nicht nur in europäische Hand übernommen, es sollte auch europäisiert und christianisiert werden. Togo, Kamerun, Deutsch-Südwestafrika (Namibia) und Deutsch-Ostafrika (Tanzania) wurden hier von den anderen europäischen Mächten als rechtmäßiger deutscher Besitz ›international‹ anerkannt. Die auf dieser Konferenz festgelegten Grenzziehungen waren allein durch militärische und wirtschaftliche Interessen der europäischen Staatsmänner bestimmt, und sie behielten bis heute ihre Gültigkeit.

Mit Zunahme der direkten und indirekten Beteiligung an der Kolonisierung des afrikanischen Kontinentes, insbesondere im zweiten Drittel des 19. Jahrhunderts bis zur erzwungenen Abgabe der Kolonien am Ende des Ersten Weltkrieges, wurden mehr und mehr Afrikaner und Afrikanerinnen nach Deutschland ›importiert‹. Genaue Zahlen lassen sich nicht ermitteln, »da die Bewohner der ehemaligen Kolonien bzw. Schutzgebiete nicht als Ausländer, sondern als Deutsche ausgewiesen wurden …« (Antwortschreiben vom Statistischen Bundesamt, 1987). Während auswandernde Männer und Frauen deutsch-nationales Sendungsbewusstsein in die Kolonien trugen, um dort die ›Eingeborenen‹ zu ›deutschen Untertanen‹ zu erziehen, mussten sich Schwarze Menschen in Deutschland dem hiesigen gesellschaftlichen Gefüge unterordnen, sich oftmals fotografisch und auch leibhaftig zur Schau stellen lassen. Bereits um 1800 wurden vereinzelt Schwarze Menschen ausgestopft und in naturhistorischen Museen gezeigt. Carl Hagenbeck stellte 1874 in einer Flaute des Tierhandels erfolgreich menschliche Lebewesen zur Schau, sodass es seither regelmäßig öffentliche Ausstellungen lebender Personen in Panoptiken, Vergnügungsgärten und Tierparks (!) gab. Das deutsche Publikum ergötzte sich an den exotischen Vorführungen. Darüber hinaus benutzten Wissenschaftler die Angehörigen unterschiedlicher Kulturen für ihre Untersuchungen und Experimente, sodass sich in ihren Sammlungen neben Affen und Orang-Utans auch ›N…‹, Hottentotten, Chinesen, Mongolen und andere präparierte Menschen fanden, um »anthropologische Anschauungen mit selbsterlebten Erinnerungen zu füllen« (Theye 1989, S. 103). Auch kleine Kinder wurden im Interesse der Wissenschaft untersucht und misshandelt. Über die Forschungen, die Theodor von Bischoff an Feuerländerinnen anstellte, referieren 1913 Floß und Bartels (nach Theye 1985, S. 263):

»Nur unter Widerstreben konnte er zu einer sehr oberflächlichen Anschauung gelangen: selbst bei den kleinen drei- und vierjährigen Mädchen der Truppe war es ihm unmöglich, sich von dem Verhalten ihrer Geschlechtsteile zu überzeugen, da ihr eigenes Sträuben auch von der Mutter unterstützt wurde. Erst als die Feuerländer auf ihrer weiteren ›Kunstreise‹ durch Europa an Erkältungskrankheiten wenige Wochen später in der Schweiz starben, konnte v. Bischoff die Untersuchung an ihren Leichen fortsetzen.«

Schwarze Deutsche in der Weimarer Republik

Die deutsche Kolonialgeschichte war vergleichsweise kurz. In ihren Inhalten, Zielvorstellungen und Folgen unterschied sie sich jedoch nicht von der anderer europäischer Kolonialmächte. Die Abgabe der Kolonien gründete nicht auf humanitäre Einsicht und freiwilligen Verzicht, sondern erfolgte erzwungenermaßen, einhergehend mit den Kriegsniederlagen im Ersten Weltkrieg. Kolonialgeist, Eroberungssucht und Herrschaftsdenken blieben in Deutschland weiterhin ungebrochen. Dementsprechend protestierten weite Kreise der deutschen Bevölkerung und alle politischen Parteien, mit Ausnahme der USPD, gegen die Anwesenheit Schwarzer Soldaten in Deutschland, als diese nach Abschluss des Versailler Vertrages zusammen mit den französischen und belgischen Besatzungstruppen im Rheinland stationiert wurden.

Mit der Beibehaltung und erneuten Mystifizierung des Schwarzen als ›Sündenbock‹ war ein willkommenes Ventil bereitgestellt, um die Gewalttätigkeit weißer Deutscher in den Schatten und ins Abseits zu rücken. Angesichts der angeblich verheerenden Brutalität und Triebhaftigkeit von Schwarzen erschien jedes Sexualdelikt eines weißen Soldaten oder auch Zivilisten und Ehemannes als vergleichsweise harmlos.

Ebenso wenig wie gegen die weißen Besatzer umfangreich protestiert wurde, wurden die weißen Kinder, die aus den Beziehungen zwischen Soldaten und deutschen Frauen hervorgingen, zur Problemgruppe deklariert. Hingegen wurden Ende der zwanziger Jahre auf Regierungsebene Überlegungen diskutiert, Kinder, deren Väter Schwarze Soldaten waren, ins Ausland zu bringen und/oder sie durch Zwangssterilisierung an der Fortpflanzung zu hindern (vgl. Pommerin 1979, S. 93f.). Die Zahl dieser Schwarzen deutschen Kinder, die zur Zeit der Weimarer

Republik oft mit Selbstverständlichkeit ›Rheinlandbastarde‹ genannt wurden, wurde ab 1919 statistisch erfasst und betrug nach amtlichen Erhebungen für den Zeitraum bis 1945 insgesamt 800 (Eyferth u.a. 1960, S. 11). Die Frage, ob und wie viele Schwarze Kinder, die nicht den Schutz ihrer Familie oder wohlmeinender Fürsorgeeinrichtungen hatten, bereits zur Zeit der Weimarer Republik sterilisiert und/oder des Landes verwiesen wurden, bleibt ungeklärt.

Schwarze Deutsche im Nationalsozialismus

Nach Schätzungen des Schweizer Historikers Micha Grin wurden von den Nationalsozialisten etwa 2.000 Schwarze Menschen in Konzentrationslagern interniert (*Jeune Afrique* vom 9. Oktober 1990). Rainer Pommerin belegt mit seinen Nachforschungen, dass zwischen 1937 und 1942 mindestens 400 Schwarze Deutsche zwangssterilisiert wurden. Eine geringe Zahl von Afro-Deutschen überlebte den Holocaust, weil sie zu Propagandazwecken gebraucht und deshalb geschont wurden.

Um diplomatische und Handelsbeziehungen mit dem Ausland sowie die kolonialen Interessen nicht zu gefährden, blieb die kleine Gruppe von Afrikanerinnen und Afrikanern aus ehemals deutschen Kolonien von staatlicher Verfolgung weitgehend ausgespart. Im Gegensatz zu ihnen konnten die meisten Schwarzen Deutschen ihre Ausbildungswünsche nicht verwirklichen und verloren ihre Arbeitsplätze, ja mitunter ihr Leben.

Schwarze Deutsche während der Besatzungszeit der 50er-Jahre

Die vor und in der Zeit der Rheinlandbesetzung geborenen Schwarzen Deutschen fanden nach dem Zweiten Weltkrieg keine weitere Beachtung. Die neuen Statistiken, Abhandlungen, Berichte und Untersuchungen befassten sich ausschließlich mit der nächsten Generation Schwarzer Deutscher. Die *Internationale Vereinigung für Jugendhilfe* (IVJH) in Genf führte in Zusammenarbeit mit deutschen Stellen 1952 eine Erhebung durch, aufgrund derer die Zahl der von 1945 bis 1951 geborenen Kinder von Besatzungssoldaten mit 94.000 benannt wurde, davon 3.000 Schwarze Kinder (Frankenstein 1953, S. 95). 1955 gab die Bundesstatistik die Gesamtzahl der »unehelichen Kinder farbiger Abstammung« mit 4.776 an, wobei es sich bei den Vätern nicht ausschließlich um »negroid« aussehende US-Armeeangehörige handelte, sondern auch um Puertoricaner, Marokkaner, Algerier u.a. (Eyferthu.a. 1960, S. 11).

Bis heute werden Schwarze Deutsche vielerorts als ›Besatzungskinder‹ wahrgenommen. Eine Begriffszuschreibung, die in mehrfacher Hinsicht diskriminierend ist. Nicht nur, dass den so Angesprochenen als ewigen ›Kindern‹ in paternalistischer Weise von oben herab begegnet wird; hinter dem Begriff ›Besatzungskind‹ verbirgt sich auch die ungeprüfte und pauschale Annahme, dass ein Schwarzes Kind, das einen Soldaten einer fremden Streitmacht zum Vater hat, gar nicht gewollt sein kann. Ein ›Besatzungskind‹ – zumindest ein Schwarzes – ist und bleibt solcher Ansicht nach ein ›Problem‹.

In einer Befragung, die Klaus Eyferth und andere Mitarbeiter des Psychologischen Instituts der Universität Hamburg im Jahr 1960 durchführten, zeigte sich, dass sich die gesellschaftlichen Vorurteile gegenüber Schwarzen Deutschen aus drei Quellen speisen:

1. »Ressentiments gegen die feindliche Besatzungsmacht, die als nationale Vorurteile auf die sichtbar von den ›Eindringlingen‹ abstammenden, Schwarzen Kinder besonders schnell übertragen wurden.
2. Vorurteile wegen der sozialen Herkunft der Kinder. Deren Mütter wurde die uneheliche Geburt des Kindes zum Vorwurf gemacht und leicht unterstellt, daß sie als ›Amiliebchen‹ nur aufgrund kommerzieller Vorteile ein Verhältnis mit einem Schwarzen eingegangen wären. In der frühen Kindheit richtete sich dieses Vorurteil ausschließlich gegen die Mütter, während die Kinder für niedlich und unschuldig befunden wurden. In der Erwartung, daß ›der Apfel nicht weit vom Stamm‹ falle, wurden sie jedoch später schnell mit diesen Vorurteilen belastet.
3. Vorurteile, die sich insbesondere an überkommene kolonialistische, nationalsozialistische und zugrundeliegende rassentheoretische Ideologien anlehnten, nach denen insbesondere ›Mischlinge‹ minderes Erbgut aufweisen und intelligenzgemindert sein sollen« (Eyferth u.a. 1960, S. 11).

Es ist kennzeichnend für das Forschungs- und Erziehungsinteresse in den 50er-Jahren, dass es bei der Thematisierung der gesellschaftlichen

Situation der Schwarzen Deutschen nur selten auf die weiße deutsche Bevölkerung einging, die angesichts ihrer rassistischen Vergangenheit weiterhin geneigt war, sogenannte ›Andere‹ auszugrenzen. Selbst da, wo ein erklärtes Interesse bestand, die Situation der Schwarzen Kinder zu erleichtern, treten in einigen Untersuchungsergebnissen deutlich dieselben Vorurteilsstrukturen zutage, die es zu überwinden galt. Kirchner z.B. stützte sich bei der Durchführung und Auswertung seiner Untersuchung kritiklos auf Forschungen an AfrikanerInnen in deutschen Kolonien und auf anthropologische Untersuchungen im Nationalsozialismus, die in Auftrag gegeben worden waren, um die angebliche Minderwertigkeit von Menschen afrikanischer Herkunft zu beweisen und ihre kulturelle und physische Vernichtung zu rechtfertigen. So bezog er sich z.B. auf die Studie über »Europäer- und Annamitenkreuzungen« von Dr. W. Abel, der als Gutachter der *Sonderkommission 3* angehörte, die 1937 die, wie es hieß, »unauffällige Sterilisation der Rheinlandbastarde« veranlasste. Des Weiteren interpretierte Kirchner seine Untersuchungsergebnisse, die für afro-deutsche Heimkinder einen Entwicklungsvorsprung nachwiesen, auf dem Hintergrund zweifelhafter amerikanischer Forschungen:

> »Was die rassischen Faktoren angeht, so ist anzunehmen, daß der Entwicklungsvorsprung, den die Mulattenkinder aufzuweisen haben, wahrscheinlich mit der Pubertät aufhören wird. Besonders die intellektuelle Leistungsfähigkeit dürfte nach vorliegenden Untersuchungen an amerikanischen N...mischlingen mäßig bleiben. Dagegen ist anzunehmen, daß die starke Triebhaftigkeit, die sich bei den Mulattenkindern zeigte, als negrides Rassenmerkmal bestehen bleiben wird [...]« (Kirchner 1952, S. 62).

Schwarze Deutsche in der Medienberichterstattung

In den relativ zahlreichen Kommentaren zur Situation der Schwarzen Deutschen in der Medienberichterstattung der 50er- bis Anfang der 60er-Jahre wurde vor allem zu Mitleid und Besorgnis aufgerufen. So auch im *Sonntagsblatt* vom 19. November 1950, unter der Schlagzeile: »Kinder unter einem schweren Schicksal«. 1952 wurde die Situation der Schwarzen deutschen Kinder im Parlament diskutiert, und zwar mit der Überlegung, »ob es nicht besser für sie sei, wenn man sie in das

Heimatland ihrer Väter verbrächte ...« (in: *Das Parlament*, Bonn 1952), da ihnen bereits die klimatischen Verhältnisse in Deutschland nicht entsprächen. Rosemarie Lester untersuchte das Bild von Schwarzen in sieben westdeutschen Großillustrierten und stellte fest, dass hier die gesellschaftliche Situation von Afro-Deutschen in den 50er-Jahren in einer Weise publikumswirksam aufbereitet wurde, als ginge es darum, die Betroffenen als »Zufallsprodukte einer unerhörten Begebenheit nicht unter dem Makel ihrer dunklen Haut leiden zu lassen« (Lester 1982, S. 110). Die heranwachsenden afro-deutschen Mädchen, die nach Kriegsende geboren wurden, wurden seit den 60er-Jahren zunehmend von Sexillustrierten für Schlagzeilen benutzt wie: »Drama eines Mischlingsmädchens in Deutschland – sie mußte alle lieben« (in: *Praline* 1972); diese vermarkteten damit vor allem das gängige Klischee über die angebliche Triebhaftigkeit Schwarzer Frauen.

Die Situation der Afro-Deutschen seit den 60er-Jahren

Im Verlauf der 60er-Jahre reduzierte sich das öffentliche Interesse an der gesellschaftlichen und individuellen Situation Schwarzer Deutscher, was sich im drastischen Rückgang von Publikationen widerspiegelt. Zugleich vergrößerte sich die Bevölkerungsgruppe der Afro-Deutschen, zumal mit völkerrechtlicher Unabhängigkeit der afrikanischen Staaten mehr und mehr AfrikanerInnen ein Studium an deutschen Hochschulen aufnehmen konnten.

Entsprechend der Tatsache, dass in beiden Teilen Deutschlands eine Aufarbeitung der kolonialen Vergangenheit ausblieb und eine Auseinandersetzung mit der von Rassismus und Antisemitismus geprägten Vergangenheit nur unzureichend erfolgte, wurden Afro-Deutsche in beiden deutschen Staaten weiterhin mit gleichbleibenden Klischees über Menschen afrikanischer Herkunft konfrontiert und im privaten und beruflichen Alltag diskriminiert.

Die Situation Schwarzer Deutscher in der Bundesrepublik

Seit der Wirtschaftskrise der 70er-Jahre wurden in der Bundesrepublik ›Ausländerbeschäftigung‹ und ›Ausländerfeindlichkeit‹ zu stets wiederkehrenden Themen. Die spezifische Situation Schwarzer Menschen

Foto für Cover von „Farbe Bekennen. Afro-deutsche Frauen auf den Spuren ihrer Geschichte" © D. Schultz

wurde meist gar nicht und wenn, dann vornehmlich im Zusammenhang mit der wachsenden Zahl afrikanischer Flüchtlinge in der Bundesrepublik diskutiert, wobei sich führende Politiker nicht scheuten, Begriffe wie ›Asylantenflut‹ und ›Ausländerschwemme‹ in der Medienlandschaft zu verbreiten und damit einer radikalen Ablehnung und Ausgrenzung von Schwarzen Menschen Vorschub zu leisten. Über das Afrikabild in bundesdeutschen Lehrmedien schreibt Manfred Paeffgen:

> »Bis etwa 1966 wurde der afrikanische Kontinent meist als ein Anhängsel betrachtet, wenn auch einige Versuche zu einer gründlicheren Änderung der Schulbücher unternommen wurden [...] Das Abrücken von einer ethnozentrischen Beurteilung der nichteuropäischen Welt war Bestandteil einer Gesamtkritik an der Gesellschaft der Bundesrepublik Deutschland [...] Von einer hierdurch verursachten Veränderung der Darstellung Schwarz-Afrikas kann aber noch nicht die Rede sein. Es sind lediglich Ansätze für eine Entwicklung sichtbar« (Paeffgen 1976, S. 240).

Afro-Deutsche sehen sich in Bezug auf ihre Herkunft bis heute mit der Tatsache konfrontiert, dass sie in Kinder-, Jugend- und Schulbüchern und auch in der Erwachsenenliteratur gewöhnlich nicht vorkommen.

Schwarze Menschen leben, sofern sie überhaupt als ProtagonisteInn in Büchern und Filmen auftreten, meist in anderen Kontinenten und werden überwiegend als bemitleidenswert und hilfsbedürftig dargestellt und/oder in Bild und Sprache häufig mit Attributen wie ›wild‹ und ›unzivilisiert‹ in Verbindung gebracht. Insbesondere Unterhaltungslektüre und Trivialliteratur zeichneten seit den 50er- und 60er-Jahren ein ausgesprochen feindseliges Bild der Unabhängigkeitsbestrebungen Afrikas. Vor allem die Angst vor der Verbreitung des Kommunismus war ein wiederkehrendes Thema, auf dessen Hintergrund Schwarze Befreiungskämpfer gern als blutrünstige Terroristen dargestellt wurden.

Zeichnungen, Schriften und Lieder, die im Geiste kolonialen Herrschaftsdenkens Verbreitung fanden, erfreuen sich größtenteils bis heute ungebrochener Beliebtheit und ständiger Neuauflage. Das Lied von den *Zehn kleinen N...lein* beispielsweise vermittelt mit heiterer Melodie und kindgerechter Sprache, dass AfrikanerInnen den Herausforderungen der sogenannten Zivilisation nicht gewachsen sind. Als nicht ganz ernstzunehmende Wesen, als doppelt verniedlichte *kleine N...lein*, finden sie einer nach dem anderen den Tod. Ähnlich wie der Sarotti-Mohr, der als populäres Markenzeichen für diverse Schokoladenprodukte wirbt, werden vielfach Konsumartikel angeboten, die Schwarze Menschen als exotisch und als Genuss-Objekt anpreisen. Rassismus wird auf diese Weise schon von Kindesbeinen an alltäglich. Weniger böswillig als vielmehr unbedacht, finden Stereotype und Klischees, die Schwarze Menschen und außereuropäische Lebensformen herabwürdigen, eine feste Verankerung. So manches weiße deutsche Kind, das zum ersten Mal einem afrikanischen oder afro-deutschen Menschen begegnet, hat schon ein vorgefertigtes Bild durch Kinderbücher und -lieder vermittelt bekommen. Es hat bereits ›Eismohren‹ und ›N...küsse‹ verspeist und die Angst vor dem ›Schwarzen Buhmann‹, dem grimmigen Knecht Ruprecht, die Warnung vor Lügen, die Zunge und Seele schwarz färben und das Spiel ›Wer hat Angst vor'm schwarzen Mann‹ kennengelernt.

Botschaften und Signale, die einer wirklich aufgeschlossenen Begegnung zunächst entgegenstehen.

Die hochtechnisierte Medienwelt ermöglicht es hierzulande, Nachrichten und Geschehnisse aus aller Welt zu verfolgen. Jedoch sorgen gleichbleibende Machtinteressen und entsprechende Informationsfilterung dafür, dass Wissen nur selektiv Verbreitung findet und Mythen und Vorurteile hartnäckig aufrechterhalten werden. Das deutsche Bild von Afrika und der Blick auf Schwarze Menschen ist noch immer unterentwickelt.

Deutsche afrikanischer oder asiatischer Herkunft wurden im Hinblick auf ihre Lebenssituation und Geschichte in der Bundesrepublik bis zum aktuellen Zeitpunkt nur höchst selten, bis zur Mitte der 80er-Jahre zumeist gar nicht wahrgenommen. Ebenso selten wurde von ›Rassismus‹ gesprochen. Doch immer waren mit den Flüchtlingen und Immigranten auch Schwarze Deutsche gemeint, wenn von der vermeintlichen Überfremdung des deutschen Volkes gesprochen wurde.

Schwarze Deutsche in der Deutschen Demokratischen Republik

Unter dem verordneten Mantel internationaler Solidarität blühte in der DDR – in ähnlicher Weise wie in der Bundesrepublik Deutschland, wenn auch weniger offensichtlich – rassistisches und antisemitisches Gedankengut. Die Geschichte und Gegenwart Schwarzer Deutscher wurde auch hier in den Hintergrund und in Vergessenheit gedrängt. Neben Afrikanern, die, wie in der Bundesrepublik, seit den 60er-Jahren in wachsender Zahl in der DDR studierten, kamen seit Anfang der 70er-Jahre AfrikanerInnen, die aufgrund staatlicher Vereinbarungen in der DDR Facharbeiterausbildungen absolvierten. Seit Ende der 70er- und Anfang der 80er-Jahre immigrierten vorwiegend KontraktarbeiterInnen über die sog. Regierungsabkommen in die DDR. Bei Letztgenannten war die Aufenthaltsdauer auf maximal vier bis fünf Jahre beschränkt, wobei ihre Unterbringung in Wohnheimen und die strengen Besuchsregelungen ihren Kontakt zur deutschen Wohnbevölkerung weitgehend verhinderten und verhindern sollten. »Für DDR-Bürger gab es außerhalb der vorgeschriebenen Besuchszeiten keine legale Möglichkeit, sich in den Wohnheimen aufzuhalten« (Kehler 1990, S. 48). Die gesetzlichen Bestimmungen verboten AusländerInnen, nach Ablauf des Arbeitsvertrages oder nach Beendigung des Studiums im Lande zu bleiben. Eheschließungen waren meist nicht möglich, außerdem war jeglicher Form des Sesshaftwerdens ein Riegel vorgeschoben. So war es Ausländern auch untersagt, Firmen zu gründen oder Restaurants zu eröffnen.

Für Afro-Deutsche in der DDR galt, dass sie noch seltener als Afro-Deutsche in der Bundesrepublik in Kontakt mit ihrem Schwarzen Elternteil bleiben konnten und sich durch die Reisebeschränkungen zumeist der Chance beraubt sahen, eines Tages vielleicht afrikanische Verwandte oder zumindest das Land ihres afrikanischen Ursprungs kennenlernen zu können. Die verordnete Ghettoisierung der ausländischen Bevölkerung bedeutete auch eine größere Vereinzelung Schwarzer Deutscher, die noch häufiger als in kleinen westdeutschen Städten ohne Kontakt mit anderen Schwarzen Menschen aufwachsen mussten und auch kaum Verbindungen zu anderen ethnisch-kulturellen Bevölkerungsgruppen aufnehmen konnten, die bestimmte Erfahrungen von Fremdheit und Diskriminierung hätten auffangen und teilen können.

In Bezug auf den alltäglichen Rassismus gab es im Vergleich zur Bundesrepublik Deutschland nur insofern Unterschiede, als er sich aufgrund staatlicher Sanktionierung häufiger indirekt und subtil als offen und unverblümt gegen Menschen Schwarzer Hautfarbe und/oder afrikanischer Herkunft richtete (vgl. Sithebe Nombuso, in: Hügel u.a. (Hg.), 1992). Auf der einen Seite gab es eine staatlich institutionalisierte Solidarität mit den Befreiungsbewegungen unterdrückter Völker, gleichzeitig wurde geradezu verhindert, dass die Vorstellungen von internationaler Solidarität auf der alltäglichen Handlungsebene praktiziert werden konnten. Rassismus wurde a priori als nicht existent geleugnet, da dieser dem Grundsatz einer sozialistischen Gesellschaft wesensmäßig widersprach, und konnte somit auch kaum öffentlich thematisiert werden. Der afro-deutsche Udoka Ogbue aus Dresden berichtet, dass Schwarze Deutsche in Berufen, die in der DDR als repräsentativ galten, nicht erwünscht waren. Es war ihnen beispielsweise untersagt, als Rechtsanwälte oder Stewardessen zu arbeiten, und es wurde als politisch riskant betrachtet, sie ähnliche Studienfächer studieren zu lassen wie ihre ausländischen Elternteile.

Inzwischen hat sich das Gesicht der ehemaligen DDR dem der alten Bundesrepublik angeglichen. Die Mauer zwischen den beiden deutschen Staaten ist gefallen, die Fremde zwischen den Menschen ist vorerst geblieben. Afro-Deutsche besitzen zumeist deutsche Pässe, sprechen akzentfrei die deutsche Sprache und fühlen sich trotz Ausgrenzungserfahrungen in Deutschland beheimatet. Wenige müssen um ihr Aufenthaltsrecht fürchten, doch sind sie aufgrund ihrer Hautfarbe und Herkunft gleichermaßen wie ImmigrantInnen und Flüchtlinge von verbalen und tätlichen Angriffen bedroht.

Schwarze Deutsche und ihre Organisationen

Insbesondere Schwarze Deutsche konfrontierten die weiße Bevölkerung der neuen und alten Bundesländer nachdrücklich mit den rassistischen Strukturen der Gesellschaft. Die Analyse ihrer Situation zeigt, dass ›Ausländer- oder Fremdenfeindlichkeit‹ Begriffe sind, die das politische und soziale Klima in der Bundesrepublik als multiethnische und multikulturelle Gesellschaft unzureichend und unzutreffend beschreiben: Schwarze Deutsche sind meist in Deutschland geboren und aufgewachsen, viele sprechen ausschließlich die deutsche Sprache und haben noch nie in einem anderen Land gelebt. Ebenso wie viele Immigranten, die noch immer als ›Ausländer‹ oder ›Gastarbeiter‹ betrachtet werden, leben sie nicht vorübergehend in diesem Land. Darüber hinaus sind Schwarze Deutsche nicht gekommen, um zu bleiben, sie waren schon immer hier.

Als sich deutsche Frauen afrikanischer Herkunft Mitte der 80er-Jahre zusammenfanden und mit dem Buch *Farbe bekennen* erstmals generationsübergreifend ihre Geschichte und Gegenwart in der deutschen Gesellschaft dokumentierten, war dies der erste Schritt zur Gründung der *Initiative Schwarze Deutsche* (ISD) in Berlin und der Gruppe *Afrodeutsche Frauen* (ADEFRA) in München. Seit 1986 entstanden weitere Schwarze deutsche Gruppen in West- und Ostdeutschland, teilweise waren es regionale Untergruppen der ISD und ADEFRA. Beide Organisationen richten sich inzwischen auch an Schwarze Menschen/Frauen in Deutschland und beziehen diese mit ein. In der Selbstdarstellungsbroschüre der ISD heißt es u.a.:

> »Unsere Definition beschränkt sich übrigens nicht auf die Hautfarbe, sondern schließt alle von Rassismus betroffenen Minderheiten ein. Mit Begriffen wie ›Schwarze Deutsche‹ und ›Afro-Deutsche‹ als Ausdruck unserer ›multi-

> kulturellen‹ Herkunft bestimmen wir uns selbst, statt bestimmt zu werden. Uns zu begegnen, uns auszutauschen und aufeinander einzulassen war und ist für viele ein neues Erlebnis. Gemeinsam ist uns meist die Isolation, das Eingebundensein in vorwiegend weiße soziale Bezüge, ohne Rückenstärkung einer Schwarzen Gemeinschaft. Natürlich sind wir auch sehr verschieden, durch unsere Sozialisation, unsere Charaktere, unser Alter, unsere Interessen, durch unsere Erfahrungen in Familie und Beruf, als hetero- und homosexuelle Frauen und Männer und in unseren Bezügen zum außereuropäischen Teil unserer Herkunft.«

Die Zeitschrift *afro look,* ursprünglich eine Publikation der ISD (bis 1995), heute von einer eigenständigen Redaktion getragen, veröffentlicht sowohl wissenschaftliche Beiträge und Projektvorhaben als auch Lyrik und Prosa von Schwarzen in Deutschland und Schwarzen Deutschen. Von 1988 bis 1990 gab es außerdem die Schwarze Frauenzeitschrift *Afrekete,* die von ADEFRA und anderen Schwarzen Frauen veröffentlicht wurde und inhaltlich ähnliche Schwerpunkte hatte wie *afro look.*

Ziel der organisierten Zusammenschlüsse von Schwarzen Deutschen ist es, die Interessen und rechtmäßigen Ansprüche Schwarzer Menschen in der Bundesrepublik zu artikulieren, gemeinsam mit progressiven Weißen den Kampf gegen Rassismus und Antisemitismus anzutreten und, über die Grenzen der Bundesrepublik hinaus, die Vernetzung mit immigrantenpolitischen und anderen Organisationen von Schwarzen zu intensivieren. ADEFRA e. V. hat sich insbesondere die gesellschaftspolitische Gleichstellung afro-deutscher/ Schwarzer Frauen zum Ziel gesetzt, und zwar u.a. durch »Förderung interkultureller Frauen- und Minderheitenstudien, Verbreitung und Vertiefung von Kenntnissen über Schwarze und andere ethnische Minderheiten in Deutschland und deren Geschichte und Kulturen« (Vereinssatzung 1993).

Seit 1989 wird von der ISD, in Kooperation mit anderen Schwarzen-Gruppen, der *Black History Month* in Berlin organisiert. Wie in den USA, wo die Tradition des *Black History Month* auf den Initiator Carter G. Woodson zurückgeht, der 1926 erstmals die *Negro History Week* ins Leben rief, finden auch in der Bundesrepublik die Veranstaltungen jedes Jahr im Februar statt. Angeboten werden Seminare, Filme, Lesungen,

Ausstellungen, Theater und Workshops zu Schwarzer Kultur, Geschichte und Gegenwart.

Organisationen von Schwarzen Deutschen und Immigranten haben begonnen, ihre Gruppen und Aktivitäten über nationale Grenzen hinaus zu vernetzen. 1990 und 1991 fanden erstmalig zwei Kongresse ausschließlich von und für Immigrantinnen, Schwarze deutsche, jüdische und im Exil lebende Frauen statt. Seit 1978 wird alle zwei Jahre das *Interkulturelle Sommerinstitut für Schwarze Frauenstudien* mit Schwarzen Teilnehmerinnen aus allen Kontinenten organisiert. 1991 waren die Gastgeberinnen Schwarze deutsche Frauen, und die mehrwöchige Tagung fand in Bielefeld, Frankfurt/M. und Berlin statt. Mehr und mehr Afro-Deutsche widmen sich in Kunst, Wissenschaft und Politik der genaueren Erforschung und Thematisierung ihrer Sozialisations- und Kulturgeschichte. Die junge Bewegung der Schwarzen Deutschen, die erst vor etwa zehn Jahren begann, sich in Zusammenschlüssen zu organisieren, ist im Begriff, sich in der bundesdeutschen und internationalen Öffentlichkeit Gehör zu verschaffen.

Literatur

Brentjes, B.: »Der erste afrikanische Student in Halle«. In: Brentjes, B. (Hg.): *Der Beitrag der Völker Afrikas zur Weltkultur* Halle/Saale 1977

Eyferth, K. / Brandt, U. / Hawel, W.: *Farbige Kinder in Deutschland – Die Situation der Mischlingskinder und die Aufgaben ihrer Eingliederung.* München 1960

Frankenstein, L.: *Soldatenkinder. Uneheliche Kinder von ausländischen Soldaten mit besonderer Berücksichtigung der Mischlinge.* Genf 1953

Hügel, I. / Lange, Ch. / Ayim, M. u.a. (Hg.): *Entfernte Verbindungen. Rassismus, Antisemitismus, Klassenunterdrückung.* Berlin 1992

Kehler, J.: »Die Lebenssituation der Migrantin in der ehemaligen DDR«. In: *Beiträge zur feministischen Theorie und Praxis,* Nr. 29, 1990

Kirchner, W.: *Eine anthropologische Studie an Mulattenkindern unter besonderer Berücksichtigung der sozialen Verhältnisse.* Diss. Berlin 1952

Kraft, M. / Shamim Ashraf-Khan, R.: *Schwarze Frauen der Welt – Europa und Migration.* Berlin 1994

Lester, R.: *TrivialN... – Das Bild des Schwarzen im westdeutschen Illustriertenroman.* Stuttgart 1982

Oguntoye, K. / Opitz (Ayim), M. / Schultz, D. (Hg.): *Farbe bekennen. Afro-deutsche Frauen auf den Spuren ihrer Geschichte.* Berlin 1986 / Frankfurt/M. 1992

Paeffgen, M.: *Das Bild Schwarz-Afrikas in der öffentlichen Meinung der BRD 1949–1972.* München 1976

Pommerin, R.: *Sterilisierung der Rheinlandbastarde – Das Schicksal einer farbigen Minderheit 1918–1937.* Düsseldorf 1979

Rogers, J.A.: *Sex and Race. Negro-caucasian mixing in all ages and all lands.* St. Petersburg/USA 1952

Theye, T.: *Wir und die Wilden. Einblicke in eine kannibalistische Beziehung.* Hamburg 1985; ders.: »Wir wollen nicht glauben, sondern schauen.« Zur Geschichte der ethnographischen Fotografie im deutschsprachigen Raum im 19. Jahrhundert. In: Theye, T. (Hg.): *Der geraubte Schatten.* München 1989

Silke Mertins

Blues in Schwarzweiß: May Ayim (1960–1996)

Konzentriert wühlte sie mit einer Hand auf dem Tisch des IC-Großraumwagens in ihren Unterlagen. Mit der anderen hielt sie ein Buch, ihr Buch, das erste von ihr und für sich allein: *blues in schwarz weiss*, Gedichte von May Ayim. Der grüne Leineneinband fühlte sich gut an. Sie hatte bereits die Verse ausgesucht, die sie heute abend auf der Veranstaltung zu Rassismus gleich zu Beginn lesen wollte, »exotik. nachdem sie mich erst anschwärzten / zogen sie mich dann durch den kakao / um mir schließlich weiß machen zu wollen / es sei vollkommen unangebracht / schwarz zu sehen.« Doch wo waren die Notizen zu dem anschließenden Vortrag geblieben? Sollte sie auch noch ein Liebesgedicht lesen? Ach, Liebe, dachte May. Und Kummer. Wo er wohl gerade ist? »In wenigen Minuten erreichen wir Hannover Hauptbahnhof«, tönte der Lautsprecher. Oh, Gott! Umsteigen? Und wohin nochmal? Eilig kramte sie nach der Zugverbindung, musste über ihre Orientierungslosigkeit in Zeit und Raum lachen. Papiere und Bücher wurden zusammengeschoben, in die Tasche gestopft, aussteigen, rein in den anderen Zug. Hoffentlich holte sie jemand ab.

Viele kamen am Abend, um zu hören, was May Ayim zur afrodeutschen Geschichte, zu Rassismus und der ›deutschen Sch-Einheit‹, wie sie die Wiedervereinigung nannte, zu sagen hatte. Ihr Name war ein Begriff geworden, ihre Lesungen und Vorträge für Veranstaltungen dieser Art begehrt.

Mit wachen Augen besah May sich das Publikum. Die meisten waren weiße Deutsche. Dort hinten lauerten die Skeptikerinnen. Ihre Blicke sagten: Wie kann eine beeindruckend schöne, dazu noch so talentierte und kluge Schwarze Frau wie du sich überhaupt beklagen? Wir haben doch alle unser Päckchen zu tragen, die eine ihr zu dickes, die andere ihren Missbrauch, die dritte ihre soziale Herkunft. Unsereins wäre außerdem froh, nicht zu diesen zu deutschen Deutschen zu gehören.

Vorne saßen die, die an ihren Lippen hängen würden. Sie wollten erzählt bekommen, wie schlecht es ihr im Leben ergangen ist, warteten gierig auf Kindheitserlebnisse, auf Diskriminierungserfahrungen und die Darstellung von Unterdrückungsmechanismen am lebenden Beispiel. Mays Blicke wanderten weiter. Sie trafen auch auf viele offene Gesichter. Manche hatten bereits ihr Buch gekauft und blätterten. Dann, endlich, kamen zwei Schwarze herein. May lächelte, die beiden nickten ihr zu: Verbündete.

May wusste, was von ihr bei Veranstaltungen oder Interviews erwartet wurde. Nicht das Universal-Menschliche, die Liebesgedichte oder ihre Alltagsreime waren gefragt; allein ihr Schwarzsein, die Identitätssuche und ihre Arbeiten zur afro-deutschen Geschichte interessierten. May konnte ihre Sätze längst auswendig hersagen. »Meine Kindheit habe ich nur knapp überlebt«, lächelte sie ins Publikum. Oder: »Ich aß Seife, um weiß zu werden wie mein Bruder.« Und: »Mein Vater kam nur alle paar Jahre in der Pflegefamilie vorbei, wie ein schwarzer Nikolaus, vor dem ich Angst hatte.«

Als die WDR-Journalistin Bettina Böttinger, die May ein halbes Jahr vor ihrem Tod zu ihrer Fernsehsendung *b.trifft* einlud, ausgerechnet ihr Liebesgedicht *nachtgesang* zu dem für sie schönsten erklärte, strahlte die junge Lyrikerin. Sie wollte als Dichterin anerkannt und nicht auf Betroffenheitsreime reduziert werden. Viele ZuschauerInnen hielten den Atem an, als sie mit melodiöser Stimme begann, *nachtgesang* vorzutragen, mit den Händen die Worte in die Luft malte und so eindringlich in die Kamera schaute, als spreche sie allein zu ihrer großen Liebe, »(...) Ich küsse mich/ nicht mehr deinen körper entlang/ durch deinen nabel hindurch/ in deine träume hinein/ (...) ich träume nicht mehr/ in einsamen stunden/ dein gesicht in die zeit/ dein schatten ist nur/ eine kalte gestalt« – ihrer großen Enttäuschung. »Wer sie erlebt hat, spürte ihre Kraft«, schrieb Bettina Böttinger in einem Nachruf auf May. »Eine Kraft, die am Ende doch nicht reichte.«

Die Menschen, die ihr nahestanden, hatten *b. trifft* nicht nur mit Stolz, sondern auch mit Sorge gesehen. Die ohne zögerliches Räuspern formulierten Sätze klangen zwar trotz Kamera druckreif wie immer. Aber dennoch: Das war nicht wirklich May. Die introvertierte Frau, sonst immer darauf bedacht, nicht zu viel von sich preiszugeben, kostete es stets viel eingeübte Überwindung, ihre Erinnerungen und Gefühle um der politischen Botschaft willen an die Öffentlichkeit zu tragen. Das Sprechen vor einem Publikum »ist meine Therapie«, sagte sie. Doch dieses Mal hatte sie den Bogen überspannt. In der für Fremde kaum wahrnehmbaren Überdrehtheit deutete sich bereits die Psychose an, die sie wenig später in die Psychiatrie brachte und aus der sie nicht wieder herausfand. Am 9. August 1996 sprang May vom 13. Stock eines Hochhauses in Berlin-Kreuzberg.

Oft hatte sie sich als Kind gewünscht, nicht mehr aufzuwachen, versteckte Rasierklingen unter ihrem Kopfkissen. Die Angst vor dem Leben, die Todessehnsucht waren schlimm, aber sie gehören der Vergangenheit an, lautete die Botschaft der erwachsenen und politisch aktiven May. Geblieben war die Furchtlosigkeit vor dem Tod.

Die Wut, die Schwäche, die Verletztheit des kleinen verlassenen und später von den Pflegeeltern drangsalierten Mädchens waren May nicht mehr anzumerken, wenn sie im Rückblick aus ihrer traumatischen Kindheit berichtete. Ohne Verbitterung sprach sie von ihrer deutschen Mutter, die sie ins Heim abschob, ihren weißen Pflegeeltern, die sie mit Strenge und Schlägen quälten, ihrer Schwärze, die ihr unter die Haut ging, ihrem Deutschsein, das man immer wieder infrage stellte. Die Familie, die sie aufnahm, habe es nicht besser gewusst und ihr aus Liebe so übel mitgespielt, erklärte sie. Ihre leibliche Mutter sei sicher überfordert gewesen. Auch über den ghanaischen Vater – den sie anfangs *Onkel Emmanuel* nennen musste – war von ihr kein vorwurfsvolles Wort zu hören. May, die Verständnisvolle. Keine Wut und keine Anklage gegen die, die sie im Stich ließen und ihr »weißmachen« wollten, dass sie nicht »schwarzzusehen« brauchte. Wenige Monate vor ihrem Tod fragte sich May in dem Gedicht *was braucht ein leben zum sterben*: Wie viele »seelengeschwüre braucht ein herz für den sturz in den Stillstand«?

Überhaupt fast gar nicht

»An dem Tag, als ich geboren wurde, kamen viele Geschichten meines Lebens zur Welt«, schrieb May in dem von ihr mitherausgegebenen Buch *Farbe bekennen.* Für die erste dieser Geschichten braucht die Dichterin nur wenige dürre Worte: »der mann brachte/ die frau zum kind/

die frau brachte das kind/ ins heim«. Als ein weißes Ehepaar sie aus einem Hamburger Heim holte, konnte die Zweijährige weder stehen noch sprechen, noch feste Nahrung zu sich nehmen. Sie gaben dem Kleinkind ihren Familiennamen: Opitz. Weil sie als »reinrassiger Mischling« – so bezeichnen die Pflegeeltem sie noch heute – ohnehin schon auffalle »wie ein bunter Hund«, sollte das Betragen der kleinen Brigitte Sylvia Gertrud, Rufname May, vorbildlich sein. Mit Strenge wollte die Pflegefamilie aus der Tochter einer in ihren Augen missratenen Deutschen und eines ghanaischen Medizinstudenten ein Musterkind machen, das alle »rassischen Vorurteile« Lügen straft.

Beklommen dachte May an ihre Kindheit zurück. »Angst gab es genug. Wahrscheinlich Platzangst. Oder Angst zu platzen. Angst unter Schlägen und Beschimpfungen zu zergehen und sich nicht mehr wiederfinden zu können.« Ihr Vater wollte sie gerne zu einer kinderlosen Schwester nach Ghana bringen, durfte sie jedoch nicht mitnehmen. An seinem nichtehelichen Kind hatte er, zumal als Afrikaner, keine Rechte.

Die häusliche Enge und Freudlosigkeit drohten sie zu ersticken. Als sie eines Abends zu spät nach Hause kam, explodierte das Familien-Pulverfass. May will nicht gehen, die Pflegeeltern bestreiten bis heute, sie vor die Tür gesetzt zu haben. Mit 19 Jahren muss sie auf eigenen Füßen stehen. »Der Bruch war besiegelt«, schrieb May. Tatsächlich aber vollzog sie ihn nie ganz. Jahrelang trauerte sie, fragte sich, warum die Pflegeeltern ihren zähen Kampf gegen Rassismus, ihren Erfolg und ihre wachsende Bedeutung in der ›Black Community‹ als Spätfolgen einer frühkindlichen Störung abtun. Mit radebrechenden Erklärungen verunglimpfen sie Mays Engagement noch zu ihren Lebzeiten als krankhaften Drang, ihre Hautfarbe und afro-deutsche Identität zu bewältigen. Forschungen belegten, so weisen sie Verantwortung von sich, dass Heimschäden irreversibel wären und die fehlende Bezugsperson in Mays ersten beiden Jahren eine Leerstelle in der Verhaltensprogrammierung im Zwischenhirn hinterlassen hätte. Aus lauter Ichbezogenheit wäre sie immer noch ledig. Ihre verehrte beste Freundin Audre Lorde – die bekannte afro-amerikanische Dichterin –, der sie sogar ein Denkmal setzen wolle, sei eine Lesbe gewesen, fügen sie gehässig hinzu. Und im Übrigen würden sie May trotz ihrer Verhaltensstörung lieben. Eigene Fehler können die Pflegeeltern nicht entdecken.

Als May 1986 in *Farbe bekennen* zum ersten Mal öffentlich über das lieblose Aufwachsen in der Pflegefamilie spricht, gehen die Eltern auf die Barrikaden: Sie soll so etwas nicht unter dem Namen Opitz publizieren dürfen. May tut es dennoch, denn ihren Nachnamen Opitz gegen den ihres afrikanischen Vaters auszutauschen, erlaubt die deutsche Rechtslage nicht. Erst Jahre später nimmt sie *Ayim* als Künstlernamen an.

Der Kontakt mit der Pflegefamilie brach nie ganz ab. Oft fuhr sie zu der von ihr heißgeliebten Großmutter, kam zu wichtigen Familienfesten und sprach regelmäßig mit ihrem Pflegevater. Die Vergangenheit in Münster hatte May keineswegs abgehakt, wenn auch zeitweise vergraben. Vielleicht, überlegt eine ihrer Freundinnen, tat sie sich deshalb schwer, sich ihre eigenen verbindlichen familiären FreundInnenkreise aufzubauen. Eine Gruppe von Menschen, mit denen man selbstverständlich den Jahreswechsel, Geburts- und Feiertage, Urlaube verbringt, die immer da sind, wenn es etwas zu bejubeln oder zu betrauern gibt. Doch manche von Mays engsten FreundInnen lernten sich erst auf ihrer Beerdigung kennen. An ihrem letzten Weihnachtsfest rief sie ›zu Hause‹ an, bekam ihren Pflegevater ans Telefon. »Will noch jemand May sprechen?« fragte er in die familiäre Feiertagsrunde. Keiner wollte.

Vaterland

»Mein Vaterland ist Ghana / meine Muttersprache ist deutsch / die Heimat trage ich in den Schuhen«, dichtete May. Kategorien lehnte sie mit fast orthodoxer Inbrunst ab. Als Mitbegründerin der *Initiative Schwarze Deutsche* will sie der Blut-und-Boden-orientierten Republik zunächst vor allem eines klarmachen: Eure Vorstellungen vom »leberwurstgrauen« Deutschland, von einem homogenen, monokulturellen Nationalstaat könnt ihr auf der Müllhalde der Geschichte abladen. Ich bin hier, bin Schwarz und deutsch, deutsch, deutsch. Ich liebe Sauerbraten mit Rotkohl und selbstgemachten Knödeln.

Mays erster Besuch bei ihrem Vater, der inzwischen als Medizinprofessor in Nairobi, Kenya, arbeitete, legte nicht den Grundstein für eine innige Vater-Tochter-Beziehung. Man hat sich kaum etwas zu sagen, bleibt sich fremd. Zu viele verpasste Chancen, unbeantwortete Fragen und unausgesprochene Vorwürfe stehen zwischen den beiden. May bedeutet es viel, dass es ihn gibt, dass ihre Spurensuche ein konkretes Gesicht hat, aber sie glorifiziert ihn nicht. Offen erzählte sie nach ihrer Reise, wie schwierig die Annäherungsversuche an den Vater waren, welche Kluften sich auftaten, wo sie Interesse an ihrer Person und Anerkennung für ihre Arbeit vermisste. Mit den zwei Söhnen ihres Vaters verstand sie sich erheblich besser, die Stiefmutter wurde im Laufe der Zeit eine richtige Freundin.

Erst Jahre später fasste May den Entschluss, sich Ghana, das Heimatland ihres Vaters, anzusehen. Ihr erster Eindruck: laut, heiß, fremd. Auch hier die Frage: ›Woher kommst du?‹ Allerdings ohne den in Deutschland oft erfahrenen Zusatz: ›Wann gehst du zurück?‹ Die GhanaerInnen sind dunkler, sie sprach ihre Sprache nicht, kannte die Kultur nicht, man rief ihr ›Weiße‹ hinterher. Dass sie auch hier nicht ganz dazugehörte, machte ihr zu schaffen. Sie wäre gerne untergetaucht, wollte einmal eine unter vielen Gleichen sein. Ob Zufall oder Schicksal, über Freunde erfuhr ihr Großvater, dass seine Enkelin in Ghana ist. Ein ganzes Dorf feierte sie als ›heimkehrende Tochter‹.

Zurück in der Bundesrepublik, begann sie sich als ›ghanaisch-deutsch‹ zu bezeichnen. Ihre Identität als Schwarze Deutsche verschob sich zugunsten der afrikanischen Herkunft. »May bezog sich auf ihre afrikanischen Wurzeln mit Würde, nicht überzeichnet und nicht als Karikatur der Stereotype, die Europäer über Afrikaner haben«, sagt die in Berlin lebende zimbabwische Schriftstellerin Tsitsi Dangarembga.

Dennoch wurde nicht Ghana, sondern Südafrika das Land, in dem May sich am wohlsten fühlte und wo sie sich vorstellen konnte, längere Zeit zu leben. Nicht nur, weil es das Herkunfsland ihrer großen Liebe ist, sondern auch, weil sie »in Südafrika überhaupt nicht auffiel«, erinnert sich Mays Freundin, die mit ihr dort unterwegs war. Schwarzsein hat viele Schattierungen in Südafrika; die weniger ethnisch gebundene und stark politisierte urbane *Black Community* kam Mays Bedürfnissen und Lebensvorstellungen sehr nah. Doch auch in Berlin zu bleiben, wo sie seit 1984 lebte, stellte für May keine Notlösung dar. Sie war nicht von Fernweh geplagt, sondern im Grunde eine bodenständige Frau, die gern und oft in Berlin als Grenzgängerin zwischen den Welten tänzelte.

Muttersprache

Mays Muttersprache war nicht Mutters Sprache, denn die Mutter sprach nicht mit ihr. Am Anfang war kein Wort. Auch später hat sie den Kontakt zu der Frau, die sie zur Welt brachte, vergeblich gesucht. Dennoch wurden Worte ihre Leidenschaft. Wenn May sich irgendwo zu Hause gefühlt hat, dann in ihrer Muttersprache. Sie kuschelte sich in ihre Nischen, schärfte sie zu Wortwaffen, um mit einer Formulierung ins ›Schwarze‹ zu treffen, nahm sie auseinander, setzte sie neu zusammen, entstellte und entlarvte sie oder spielte mit ihren Buchstaben herum: »die/ mit den harten kanten/ nannten sich konsonanten/ die/ die das maul aufreißen/ wollten vokale heißen.«

Die deutsche Sprache wurde ihre Verbindung zur Außenwelt, das kreative Ventil und Zentrum ihres künstlerischen Ausdrucks. Kein Aufsatz, keine wissenschaftliche Arbeit, kein Projekt war ihr so wichtig wie ihr erster Lyrikband *blues in schwarz weiss.*

Ausgerechnet die Sprache, in der sie am meisten verletzt wurde, ist Fluchtpunkt und Fluchtweg zugleich. Von der Sprache der ›N...küsse‹ und des ›Du bist nichts, du kannst nichts‹ wollte sie nicht beherrscht werden, sondern sich ihrer bemächtigen. Am liebsten ließ sie die Worte des Nachts aufs Papier fließen, grübelte stundenlang über die eine treffende Formulierung. May war gern allein, konnte auch ohne ein Gegenüber eine gelungene satirische Bezeichnung belächeln. Bei den Zeilen: »dann schreiten wir / alle vier jahre / zur wahl / und wählen wahllos unserer oberstes / wahlroß« aus dem Gedicht *Oktoberfest* sieht man ihr übermütiges Grinsen direkt vor sich.

Mit niemandem sonst, erinnern sich ihre FreundInnen, ließ es sich so unbeschwert wortwitzeln wie mit May, in Westfälisch-Platt herumalbern und elterlich-erzieherische ›Sprüche klopfen‹ – »ich hab' dir schon tausendmal gesagt, zappel nicht herum«, »nimm den Finger aus der Nase, »werd' jetzt ja nicht frech«. Wehe, jemand machte Anstalten, Mays Nudeln pampig zu finden: »Andere Menschen wären froh über jede kleine Mahlzeit, von den armen Kindern in Afrika mal ganz zu schweigen«, konnte sie dann mit ernster Miene belehren, bevor sie Sekunden später losprustete. Die gesammelten deutschen Zeigefinger der ›So mein Freundchen‹, wahlweise ›Frolleinchen‹, ›keine Widerrede‹

oder ›Muss ich erst wieder schreien‹ finden sich in dem Gedicht *zehntausendmal* wieder. Fisimatenten haben schließlich noch niemandem geschadet. Es wird gelesen, was auf den Tisch kommt.

Doch was man May bei der Logopädieausbildung, die sie 1987 in Berlin begann, auftischte, wollte ihr keineswegs schmecken. Ein Jahr nach ihrem abgeschlossenen Pädagogikstudium sollte ein praxisbezogener Beruf ihre brotlose Kunst ergänzen. Wiederum stand die deutsche Sprache im Mittelpunkt. Ebenso wie das Dichten in der Muttersprache ist auch die Arbeit der Logopädin auf den deutschen Sprachraum begrenzt. May freute sich auf den Umgang mit Wörtern, Sprache und Kindern. Die Freude hielt nicht lange vor. »Unterwürfigkeit und Anpassung« wird von den angehenden Logopädinnen erwartet. Begriffe wie ›N...‹ oder ›Hottentottismus‹ werden unhinterfragt benutzt. MigrantInnen kommen weder als StudentInnen vor, noch wird in der Ausbildung und den Materialien berücksichtigt, dass nicht alle Kinder Deutsch als Muttersprache lernen. Wie schon so oft war sie die einzige Schwarze Ausbildungsteilnehmerin. Mays Vorschlag, die Lehr- und Übungsmaterialien auf rassistische und sexistische Inhalte hin zu überprüfen, wurde zunächst mit dem Hinweis abgelehnt, dass die Bedeutung der Worte für die Logopädie irrelevant sei. Es wird gesprochen, was auf den Tisch kommt.

Die Schulleitung hatte die Rechnung ohne Mays Ausbildungskurs gemacht. Die Rebellion, Streik und Umfragen inklusive, war längst angezettelt. Sie galt dem starren Lehrplan und den autoritären Unterrichtsmethoden. May kumpelte zwar nicht herum, wirkte oft distanziert, doch »wenn es darauf ankam, war sie ganz vorne«, lässt eine ihrer Mitstudentinnen die unruhigen Zeiten in der Ausbildung Revue passieren. »Sie hatte eine natürliche Autorität«, wusste sehr genau, was sie konnte, und verstand es, »den richtigen Ton zu treffen«. An Mays Persönlichkeit »kam man einfach nicht vorbei«. Schlussendlich wurde Mays Examensarbeit doch noch bewilligt und sogar mit ›sehr gut‹ beurteilt. Aber es blieb ›mein Thema‹, bedauerte sie im Rückblick.

Die Heimat trage ich in den Schuhen

Wer bist du? Woher kommst du? Wann gehst du? May hing die Fragerei nach der richtigen Schublade, der ständige Erklärungszwang zum Hals heraus. Dass sie der Hautfarbe wegen über ihre Identität genauestens Aufkunft geben sollte, am besten noch mit Stammbaum und prozentualer Angabe des ghanaischen, des deutschen, des Schwarzen Gefühlsanteils, sah sie überhaupt nicht ein. Natürlich hätte sie nie jemanden angeschnauzt, der ihre Herkunft zu erfahren begehrte. Das wäre nicht ihre Art gewesen. Lieber ließ sie sich im kosmopolitischen Berliner Schmelztiegel nieder, wo eine Afro-Deutsche nicht herausstach. Anders als in Regensburg, wo May studierte, bot die Großstadt ihr Schutz durch Anonymität und Vielfalt.

»zig zag/ enthauptet/ behauptet/ hauptstadt« machte May sich über das großspurige Gebaren der nach Höherem strebenden Metropole lustig. Sie hatte gerade auch die Schmuddelecken, den morbiden Charme und die trotzige Mentalität des westlichen Teils der Stadt vor der Wende gemocht. Alle, vom ›Ureinwohner‹ über die Spontis und Spinner bis zu den Eingewanderten, saßen auf derselben Berliner Insel. Als die fallende Mauer Nationalismus aufwirbelte, war es mit der Freiheit der Andersaussehenden vorbei. Gewalt gegen Minderheiten überschattet die viel gefeierte Wende. Mit scharfen Worten begleitete May den Prozess der deutschen »Sch-Einheit«. Was sie erlebe, sei »deutschland im herbst«, und »mir graut vor dem winter«.

Trotz *hauptsache hauptstadt* lebte May sehr gerne in Berlin. Sie liebte ihre helle, freundliche Wohnung, mochte ihren Stadtteil, Schöneberg, trieb sich gern in den verschiedenen Subkulturen herum. Wenig erinnerte sie hier an die westfälische Enge ihrer Kindheit oder die Provinzialität ihrer Studienzeit in Regensburg. Die werdende Hauptstadt hatte neben wachsendem Größenwahn und Baustellen auch ein wenig von dem zu bieten, wie May die Zukunft visionierte: ein selbstverständliches Da-Sein verschiedenster Gruppen, Herkünfte und Hautfarben, ein Zusammenleben mit ›entfernten Verbindungen‹.

May konnte sich Berlin gut als Basis vorstellen. Vielleicht wäre sie einmal nach Südafrika gegangen, vielleicht einige Zeit nach Ghana, sehr wahrscheinlich erst einmal in die USA, wo man ihr zwei Tage nach ihrem Tod eine Gastprofessur in Minnesota anbot. Die ›Heimat‹ hätte sie ›in den Schuhen‹ getragen. Sicher wäre die Literatin dennoch irgendwann nach Berlin zurückgekehrt. Der Muttersprache wegen.

Nachtgesang

Immer wieder nahm May sich vor: »Ich warte nicht mehr, wenn er das nächste Mal kommt. Ich teile ihn nicht mehr mit einer anderen Frau. Ich weine ihm nicht nach«. Doch die Bilder von gemeinsamem Lachen, von wortlosen Blicken und wortreichen Diskussionen wollten einfach nicht verschwinden. Das Kribbeln war da, wenn sie seine Stimme hörte. Viele warteten darauf, dass May endlich auch einen Blick auf sie warf. Doch für May musste es der eine sein, den sie nicht – nicht ganz – haben konnte. Sehnsucht und Liebeskummer ließen überwältigend schöne Gedichte entstehen. Aber sie rührten auch an alte Wunden. Ausgerechnet mit einer weißen Frau um einen Schwarzen Mann konkurrieren zu müssen bedrückte May. Hatte sie nicht viel mehr mit ihm gemeinsam? Stimmte es nicht, dass viele Erklärungen zwischen ihnen überflüssig waren? Was hatte die andere, was er bei ihr nicht finden konnte?

Dass May die Existenz der anderen im Leben des Geliebten und die Demütigung der Dreiecksbeziehung irgendwann zu akzeptieren begann, bestürzte manche ihrer Vertrauten. Es komme ihr vor, erzählt eine Freundin im Rückblick, als habe May sich nicht das Recht herausnehmen wollen, jemanden ganz für sich allein zu beanspruchen. Als stünde ihr ein ganzer Mensch und seine ungeteilte Liebe gar nicht zu. Vielleicht waren aber auch nur ihre Gefühle zu übermächtig, die Überzeugung, dass er der Mann fürs Leben war. Vielleicht konnte sie nur deshalb ihren Emotionen rückhaltlos nachgeben, weil sie gerade ihn nicht haben konnte. Denn May scheute Nähe. Sie konnte sich nur sehr schwer auf tiefe Beziehungen, die auch tief verletzen können, einlassen.

Den Schmerz hinter meinem Lachen anfassen

»Ich bin wahnsinnig neugierig«, gesteht eine von Mays Freundinnen, »doch nicht einmal ich habe mich getraut, sie nach bestimmten Dingen zu fragen.« Die bestimmten Dinge waren keine bestimmten Dinge, sondern schlicht solche, über die May nicht reden wollte. Sie konnte Mauern aufbauen und Tabus aufstellen, die unumstößlich schienen. Jedes Herantasten wäre eine Grenzüberschreitung gewesen. »Wenn wir ein vertrautes Gespräch führten, ist sie oft erst einmal abgetaucht«, als hätte sie die Nähe aus Versehen zugelassen. Sie erzählte der einen, dass ein ihr wichtiger Mensch ihr unendlich wehgetan hat, der anderen, wer dieser Mensch war. Diese Fragmentierung war typisch für May. Sie streute das Risiko, enttäuscht zu werden. So gut wie sie selbst anderen zuhören konnte, so sehr wollte sie vermeiden, dass jemand zu viel über sie wusste. In dem Gedicht *Schwester* schrieb May: »warum durchbohrst du mich / mit deinen blicken / warum willst du alles verstehen / den schmerz hinter meinem lachen / anfassen / die müdigkeit in meinen augen / befühlen / die furchen / auf meiner stirn / zählen / die narben / unter meiner haut / betrachten (...)«

May tat dies nicht aus Arroganz. Sie war nur unendlich vorsichtig. ›Unnahbar‹ erschien sie manchen. Nie verlor sie die Kontrolle, wurde ausfallend, laut oder ungerecht. »Sie war so menschlich, dass es schon fast unmenschlich war«, sagt eine ihrer Mitstudentinnen. Persönliche Kritik musste man ihr manches Mal aus der Nase ziehen. Sie wollte es sich mit niemandem ganz verderben und zog sich im Zweifelsfall lieber zurück.

Wer mit May unterwegs war oder eine Veranstaltung organisierte, konnte seiner Konfrontationslust freien Lauf lassen. May war ja da; sie würde die eskalierte Situation schon retten. Immer freundlich, immer den Ausgleich suchend. »Sie sprechen aber gut deutsch«, meinte ein Mitreisender einmal May und ihrer Freundin bescheinigen zu müssen. »Merken Sie nicht, dass Sie stören?« fuhr die Freundin ihn an. »Für einen Gast sind Sie ganz schön arrogant«, kam es zurück. Dann griff die Schlichterin May ein. »Sie haben es doch verstanden. Jetzt lassen Sie doch mal locker.«

Politisch ging sie keinem Streit aus dem Weg. Privat waren Konflikte ihre Sache nicht. Mit Freundlichkeit und Lachen ging sie Unangenehmem aus dem Weg. Motto: Tust du mir nichts, tu ich dir nichts. Viele vertrauten May. Was man ihr erzählte, machte nicht die Runde. Weder Klatsch und Tratsch noch Cliquen-Zugehörigkeit konnten sie begeistern. Sie hielt ihre Kreise getrennt, traf sich meist nur zu zweit oder zu dritt, teilte immer nur teilweise.

Waffenbrüder und Schwertschwestern

Auch DozentInnen und MitstudentInnen profitierten von May, ohne dass sie dafür etwas zurückverlangen konnte. Rassismus war noch ein Unwort, das in die Zeit es Nationalsozialismus gehörte, als sie ihre Forschung begann. »Rassismus gibt es im heutigen Deutschland nicht«, lehnte Mays Professor in Regensburg ihr Pädagogik-Diplomthema ab. Sie suchte sich eine willige Prüferin in Berlin. Ihre Forschung, die erste zur Schwarzen Geschichte in Deutschland, wurde Grundlage des Buches *Farbe bekennen. Afro-deutsche Frauen auf den Spuren ihrer Geschichte.* Diese Pionierinnenarbeit wurde später auch auf englisch veröffentlicht und machte sie über die Landesgrenzen hinaus bekannt. In den Jahren danach nahm May an Kongressen und Schwarzen Festivals auf der ganzen Welt teil, wurde zu Vorträgen eingeladen, interviewt und ihre Gedichte ins Englische und Portugiesische übersetzt. Erst durch May, schrieb die afro-amerikanische Aktivistin Ana Sisnett, habe sie begriffen, dass man Weiße nicht als ›Europäische AmerikanerInnen‹ bezeichnen könne. »Denn es leugnet die Präsenz von MigrantInnen, Flüchtlingen und Schwarzen Menschen« auf dem europäischen Kontinent. Sie wurde Teil einer internationalen Gemeinschaft, die schockiert und fassungslos war, als sie vom Tod der jungen Lyrikerin erfuhr.

Ob als Studentin, Lehrbeauftragte oder später als Studienberaterin – fast immer war May die einzige Schwarze. *Weißer Stress und schwarze Nerven* nennt sie in einem Aufsatz den »Stressfaktor Rassismus«. Diskriminierende Begriffe abzulehnen, genüge meist nicht. Von Schwarzen werde »verlangt, dass sie mit Geduld und Diplomatie erklären, warum das so ist, und oftmals müssen sie sich auch dann noch den Vorwurf gefallen lassen, zu ›empfindlich‹ zu sein.«

»May war immer ein Stück Lernprozess«, erkennt ihr Doktorvater Helmut Essinger, der an der Freien Universität Berlin anti-rassistische Erziehung lehrte. »Sie dirigierte mich.« Dass dies auf sehr freundliche Art geschah, verstand sich bei May fast von selbst. Ohne Groll machte sie Essinger auf »sprachliche Entgleisungen« aufmerksam. Er konnte ihre Kritik gut annehmen. Sie wiederum klagte die ihr eigentlich zustehende fachliche Beratung nicht ein. Wie auch, war ihr Wissen über rassistische Strukturen doch viel umfangreicher und grundlegender als das ihrer LehrerInnen. Sie prangerte auch nicht an, dass im multikulturellen Berlin weiße Männer die Stellen besetzten, die sich mit interkulturellem Lernen befassten. Lediglich abstrakt traf sie häufig die Feststellung, dass sie als einzige Schwarze an der Hochschule unterrichtete.

May wählte sich ihre Verbündeten sorgfältig aus. Sie war zuverlässig, wenn es darum ging, ein Projekt voranzubringen. Ohne sie, sagen manche Afro-Deutsche offen, hätten sie den Weg zur *Black Community* nicht oder erst viel später gefunden. Ohne ihre Forschung, Haupttext von *Farbe bekennen*, hätte sich die *Initiative Schwarze Deutsche* – die Initialzündung einer Schwarzen Bewegung in der Bundesrepublik – nicht so schnell entwickelt.

Mit dem Erfolg wuchs auch der Neid. Der anderer Schwarzer traf sie am meisten. Nach Erscheinen des von May mitherausgegebenen Buches *Entfernte Verbindungen* und erst recht, als ihr erster Lyrikband in die Buchläden kam, waren auch die bösen Zungen zur Stelle. May würde zum ›Star‹ hochstilisiert, vermarkte sich, oder ihr steige der Erfolg zu Kopf. Ihr die hart erarbeitete Anerkennung zu gönnen, wollte manchen nicht gelingen. In dem Gedicht *waffenbrüder und schwertschwestern* versuchte sie die schmerzliche Erfahrung allzumenschlicher Niedertracht zu verarbeiten:

»(...) heucheln und lächeln / hinter der hand vor dem mund / neid / mit dem kopf genickt / ein küßchen / links und rechts auf die wange / Umarmungen / hohl und herzlos (...)«

Was sollen die letzten Worte sein

Wie besessen arbeitete May in den letzten Wochen vor ihrem Zusammenbruch. Essen, Trinken, Schlafen? Das hatte Zeit. Tage- und nächtelang beschäftigte sie sich fast nur mit der Organisation des jährlich in Berlin stattfindenden *Black History Month*. Ein euphorischer Höhenflug, der sie in ein tiefes Loch fallen ließ. Ihre FreundInnen fühlten sich hilflos. Was sollten sie tun? Sie in die Psychiatrie, von der May selbst sagte, dass es kein Ort frei von Rassismus sei, einweisen lassen? »Die Psychose war wie ein Vulkan«, erinnert sich eine. Alles brach plötzlich aus ihr heraus, auch die Schreie. Es blieb nur die stationäre Behandlung. Ihre FreundInnen sahen täglich nach ihr. Der Vater kam, konnte der

Tochter jedoch auch keinen Halt geben. Weil sie über frühere Sehstörungen berichtete, wurde sie in die Neurologie verlegt und auf Multiple Sklerose untersucht. Aus unerklärlichen Gründen hatte man die Medikamente gegen ihre Psychose, Neuroleptika, abrupt abgesetzt. Als die Ärzte ihr die Diagnose MS mitteilten, hatte sie keine psychologische Unterstützung. Mit dem Wissen um eine unheilbare Krankheit ließ man die psychisch kranke May nach Hause gehen.

Sieben Monate Seelenqualen, ein Selbstmordversuch mit Tabletten, ein weiterer Psychiatrieaufenthalt – Mays Lebenswille war gebrochen. Nichts konnte ihren Fall in die Tiefe bremsen. Sie fürchtete, dass sie den Weg zu ihrer Persönlichkeit nicht mehr würde zurückfinden können, sagte sie zu der Handvoll FreundInnen, die sich in dieser Zeit um sie kümmerten. Ihr Lebensfaden sei zerrissen; »was sollen die letzten worte sein«, schrieb sie in dem in dieser Zeit entstandenen Gedicht *abschied.*

Vieles, zu vieles, kam zusammen, als sie sich am 9. August 1996 entschloss, ihrem Leben mit einem Sprung aus dem 13. Stock ein sicheres Ende zu bereiten: Die schwere Krankheit, Erinnerungen, eine unendliche Traurigkeit, eine unglückliche Liebe, eine deprimierende deutsche Gegenwart. Es könne doch nicht wahr sein, sagt eine Freundin, dass eine junge Schwarze aus der Psychiatrie entlassen und alleine in ihre Wohnung geschickt wird. Wie ist es möglich, dass nicht herauszufinden ist, wie viele Schwarze eigentlich in deutschen Psychiatrien behandelt werden, wie viele Selbstmord begehen – die Grundlage, um überhaupt ein Hilfesystem aufzubauen? »Eine ganze Bevölkerungsgruppe könnte sich umbringen, ohne dass jemand davon erfahren würde.«

Einiges ist seitdem in Bewegung geraten. Mays Tod hat die *Black Community* in Deutschland aufgerüttelt und angetrieben, die psychischen Probleme Schwarzer nicht zu individualisieren, sie mit Zusammenbrüchen nicht allein zu lassen. Eine Gesellschaft, die alles an Beschimpfungen, Erniedrigungen und Ignoranz erlaubt, lediglich das Umbringen von Minderheiten nicht so recht akzeptabel findet, halten viele im Kopf nicht aus. Es verrückt ihr Selbst. Die Last, all das zu ertragen und verändern zu wollen, wurde May zu schwer: Auch das ist eine Botschaft ihres Sturzes in die Tiefe. Was sollen die letzten Worte sein?

May Ayim hinterlässt ihren Mut, ihre Stärke und ihre Visionen; zwei Gedichtbände, ihre Forschung und viele Menschen, die mit ihrer Entscheidung fertig werden müssen.

P.S. Ich danke May Ayims Freundinnen und Freunden, die Zeit und Kraft aufgewendet haben, um mit mir zu sprechen. Titel und Zwischenüberschriften dieses Textes sind Mays Gedichten aus *blues in schwarz weiss* und *nachtgesang* entlehnt.

Silke Mertins, geboren 1965, ist stellvertretende Chefredakteurin bei der TAZ Hamburg. Ihr Buch *Zwischentöne. Jüdische Frauenstimmen aus Israel* erschien 1992 im Orlanda Frauenverlag.

Audre Lorde und May Ayim, Berlin Winterfeldtmarkt 1991 © D. Schultz

May Ayim: Ein Lebenslauf

3.5.1960	in Hamburg geboren, als Tochter von Ursula Andler und Emmanuel Ayim
1960–1961	Heimaufenthalt
1962–1979	in der Pflegefamilie Opitz
1966–1970	Grundschule St. Michael, Münster
1970–1979	Bischöfliche Gesamtschule »Friedensschule« Münster, Abschluss mit dem Abitur
1978	Ausbildung und Qualifikation zur Krankenschwesterhelferin
WS 1979	Beginn des Studiums Lehramt Deutsch und Sozialkunde, Sekundarstufe I an der Pädagogischen Hochschule Münster

1980	Reise nach Israel und Ägypten
WS 1980	Studienwechsel: Psychologie und Diplom-Pädagogik, Universität Regensburg
1981	Aufenthalt in Israel im Kibbuz Gesher Haziv
1981/1982	Praktikum beim *National Family Welfare Center* in Nairobi, Kenya (zwei Monate)
1984/85	Aufenthalt in Ghana
1986	Diplom in Pädagogik, Universität Regensburg; Diplomarbeit: Afro-Deutsche. Ihre Kultur- und Sozialgeschichte auf dem Hintergrund gesellschaftlicher Veränderungen
1986	Veröffentlichung der Diplomarbeit in dem Buch *Farbe Bekennen. Afro-deutsche Frauen auf den Spuren ihrer Geschichte,* hg. Katharina Oguntoye, May Opitz, Dagmar Schultz
1986	Mitgründerin der *Initiative Schwarze Deutsche und Schwarze in Deutschland* (ISD)
1986	Studien- und Arbeitsaufenthalt mit dem internationalen Jugendgemeinschaftsdienst in Ghana (drei Monate)
1986/87	Honorarvertrag an der Freien Universität Berlin, interdisziplinäres Forschungsprojekt zur *weiblichen Identität im Wandel*
1987	Beginn der Ausbildung zur staatlich examinierten Logopädin, Lehranstalt Berlin
1988	Lesung beim zweiten *International Cross-Cultural Black Women's Studies Summer Institute*, New York, USA
1988	Reise in den Senegal
1989	Mitgründerin von LiteraturFrauen e.V., Verein zur Förderung der Literatur von Frauen; Vorstandsmitglied des Vereins
1989/90	Reise nach Brasilien
1990	Staatsexamen in Logopädie

1990	Logopädin im Heilpädagogischen Therapeutikum Berlin, staatlich anerkannte Sonderschule für geistig behinderte Kinder; Examensarbeit: *Ethnozentrismus und Sexismus in der Sprachtherapie*
1991	Studien- und Forschungsreise nach Südafrika (Johannesburg, Kapstadt, Durban) über den Fachbereich Erziehungswissenschaften, Freie Universität Berlin
Nov. 1991	Vortrag bei der Konferenz »Education in Transition. Education and Education Planning for a Post-Apartheid-Society in South Africa« Berlin, 19.–24.11.
1991	Beitritt zum Verband deutscher SchriftstellerInnen
1991–1995	Honorartätigkeit als Logopädin Lehraufträge an der Alice-Salomon-Fachhochschule für Sozialarbeit und Sozialpädagogik; an der Freien Universität Berlin im Fachbereich Erziehungswissenschaften und im Institut für Soziologie; an der Technischen Universität im Fachbereich Sozialpädagogik, Schwerpunkt »Frauenforschung«
1992	Veröffentlichung der Übersetzung von Farbe bekennen: *Showing Our Colors. Afro-German Women Speak Out* in England und den USA
1992	Annahme des Namens Ayim als Künstlernamen
1992	Immatrikulation an der Freien Universität Berlin im Fachbereich Erziehungswissenschaften; Dissertationsvorhaben: *Ethnozentrismus und Rassismus im Therapiebereich*
Juli 1992	Lesung auf der Konferenz CELAFI (Celebrating African Identity) des Canadian Artists Network: Black Artists in Action, Toronto, 7.–12.7. (mit anderen Autorinnen, u. a. Grace Nichols, Lisa Jones, Danny Laferriere, Dionne Brand)
Okt. 1992	Vortrag *My pen is my sword: racism and resistance in Germany* bei der Konferenz *African Women Living in Europe*, Akina Mama Wa Afrika, London, 30.–31.10.

1993	Veröffendichung des Buches *Entfernte Verbindungen. Rassismus, Antisemitismus, Klassenunterdrückung,* Mitherausgeberin und -autorin
23.3.1993	Lesung bei dem Festival des *11th International Book Fair of Radical Black & Third World Books,* London, 21.–27.3. (mit anderen Autorinnen, u. a. June Jordan, Paule Marshall, Linton Kwesi Johnson, Margaret Busby, Sonia Sanchez)
1993	Einladung zu dem »European Round Table on Human Rights and Cultural Policies in a Changing Europe: The Right to Participate in Cultural Life«, Council of Europe and UNESCO, Helsinki 30.4.–2.5.
28.1.1994	Vortrag »Writings from the edge; Writings from inside« bei der Konferenz »Testaments: Writers at the Crossroads«, ZABALAZA, London, 28.–31.1. (mit anderen Autorinnen, u. a. Ronald Segal, Pitika Ntuli, John La Rose, Merle Collins)
1994	Begegnung mit Maryse Conde; Moderation ihrer Lesung in Berlin, Interview am 25.2.
1994	Studienreise nach Kuba
13.5.1994	Vortrag »Racism and resistance in united Germany« bei der Konferenz »Xenophobia in Germany: National and Cultural Identities after Unification«, University of Minnesota, Minneapolis, 11.–14.5. (mit anderen Autorinnen, u. a. Dan Diner, Yüksel Pazakaya); weitere Vorträge: Carleton College, Northfield, Minnesota; Earlham College, Richmond, Indiana; Vorträge an Schulen in Chicago, Illinois
Juli 1994	Lesung beim »Round Table Programme on Cultural Equity«, AKWAABA, Brüssel, 29.–31.7.
Okt. 1994	Lesung auf dem internationalen Symposium »Rassismen und Feminismen« zur Vorbereitung der Weltfrauenkonferenz, ARGE Wiener Ethnologinnen und die Frauenministerin, 29.–30.10.

Dez. 1994	Vortrag beim PANAFEST (Pan-African Historical Theatre Festival), Accra, Ghana, 9. –18.12.
1995	Einstellung als Studienberaterin an der Alice-Salomon-Fachhochschule für Sozialarbeit und Sozialpädagogik, Berlin
April 1995	Lesung auf dem »Mega Music Festival« in Johannesburg, Südafrika, 19.–21.4.; Vorträge an Schulen in Johannesburg und an der University of Transkei, Umtata
Sept. 1995	Veröffentlichung des Lyrikbandes *blues in schwarz weiss*
11.10.1995	Interview Deutsche Welle, Fernsehen
12.10.1995	Lesung und Interview in der WDR Fernsehsendung »Literatur im Römer« während der Frankfurter Buch messe
Okt. 1995	Einladung zu »Africa 95: A Season Celebrating the Arts of Africa«, Veranstaltung zu dem Buch *Daughters of Africa*, Nottingham, England
5.1.1996	Talkgast in der WDR Fernsehsendung »b.trifft« von und mit Bettina Böttinger (Sendung am 19.1.), Wiederholung im WDR am 2.8., in 3SAT am 24.8., in bl am 14.1.97
8.1.1996	Aufnahme in die Psychiatrische Abteilung des Auguste-Viktoria Krankenhauses, Berlin
April 1996	Entlassung aus dem Krankenhaus
April 1996	Mitarbeit im Orlanda Frauenverlag (bis Ende Mai)
Juni 1996	Erneuter Klinikaufenthalt im Urban Krankenhaus, Berlin (bis Mitte Juni)
Juli 1996	Wiederaufnahme der Arbeit an der Alice-Salomon-Fachhochschule
9.8.1996	Freitod

Quellenhinweise

»Ein Brief aus Münster« wurde abgedruckt in der Kongressdokumentation: *Sind wir uns denn so fremd? Ausländische und deutsche Frauen im Gespräch,* herausgegeben von der Arbeitsgruppe Frauenkongreß, Berlin 1985[2]. Der Brief wurde für diese Ausgabe leicht bearbeitet.

»Aufbruch« erschien erstmals in: Katharina Oguntoye, May Opitz, Dagmar Schultz (Hg.): *Farbe bekennen. Afro-deutsche Frauen auf den Spuren ihrer Geschichte.* Berlin 1986.

»Drei afro-deutsche Frauen im Gespräch« erschien erstmals in demselben Band.

Das Gespräch »Wir wollen aus der Isolation heraus« war abgedruckt in der afrikanischen Literatur-/Kultur-Zeitschrift AWA-FINNABA Nr.9, März 1987. Aus dem Englischen übersetzt hat es Ekpenyong Ani

Das Rezept für die »Eistorte à Ia Hildegard« ist der Sammlung entnommen: *Aus aller Frauen Länder. Gerichte, Gelüste, Geschichten,* herausgegeben von Sue O'Sullivan, Berlin 1989.

Den Text »Eine der anderen« hat May Ayim für das Buch *Schwarzafrika der Frauen,* herausgegeben von Gabriela Mönnig, München 1989, verfasst. Wir danken dem Verlag Frauenoffensive für die Abdruckgenehmigung.

Die Hausarbeit *Ethnozentrismus und Geschlechterrollenstereotype in der Logopädie. Eine kritische Betrachtung von Bild- und Wortmaterialien mit Verbesserungsvorschlägen für die logopädische Praxis* legte May Ayim im November 1989 an der Staatlich anerkannten Lehranstalt für LogopädInnen an der Poliklinik für Stimm- und Sprachkranke der Freien Universität Berlin vor. Der hier abgedruckte Auszug entspricht im Wesentlichen dem dritten Kapitel der Hausarbeit und wurde um ein Zitat von E. Blanco Cruz ergänzt, das dem ersten Zwischenbericht (1992) der von May Ayim geplanten Dissertation zum Thema »Ethnozentrismus und Rassismus in Therapiebereichen« entnommen ist. Für dieses Buch wurde der Text sprachlich überarbeitet.

Den Artikel »Hanni und Nanni in der Lehranstalt« schrieb May Ayim für den Band *Glück, Alltag und Desaster. Uber die Zusammenarbeit von Frauen,* herausgegeben von Claudia Koppert, Berlin 1993.

»Das Jahr 1990. Heimat und Einheit aus afro-deutscher Perspektive« erschien zuerst in: *Entfernte Verbindungen. Rassismus, Antisemitismus und Klassenunterdrückung,* herausgegeben von Ika Hügel u.a., Berlin 1993.

Das Gespräch »Die Wut der Schwarzen Frauen sollte auch die Empörung der weißen Frauen sein« ist in der Tagungsdokumentation zum »1. lesbisch-feministischen Sommerinstitut«, das 1993 unter dem Thema »Rassismus in Deutschland« in Loccum stattfand, abgedruckt und wurde für diese Ausgabe leicht bearbeitet.

»Weißer Streß und Schwarze Nerven« wurde zuerst abgedruckt in: Maria Schäfgen (Hg.): *Streß beiseite,* Berlin 1995.

»Rassismus und Verdrängung im vereinten Deutschland« ist zuerst erschienen in: *Schwarze Frauen der Welt. Europa und Migration,* herausgegeben von Marion Kraft und Rukhsana Shamin Ashraf-Khan, Berlin 1994.

Den Text »Die afro-deutsche Minderheit« haben wir mit freundlicher Genehmigung des Verlags C. H. Beck, München, dem Band *Ethnische Minderheiten in der Bundesrepublik Deutschland. Ein Lexikon,* herausgegeben von Cornelia Schmalz-Jacobsen und Georg Hansen, München 1995, entnommen. Für diese Ausgabe wurde der Teil »Schwarze Deutsche und ihre Organisationen« aktualisiert.

Bibliografie[1]

Primärliteratur

– Deutsch –

Eigene Bücher und wissenschaftliche Veröffentlichungen (als Autorin oder Herausgeberin)

Oguntoye, Katharina/Opitz (Ayim), May/Schultz, Dagmar (Hg.): *Farbe bekennen.* Afro-deutsche Frauen auf den Spuren ihrer Geschichte; Berlin (Orlanda Frauenverlag) 1986, Frankfurt/Main (S. Fischer) 1992. Daraus:

»Rassismus, Sexismus und vorkoloniales Afrikabild in Deutschland«, S. 17–64 »Afro-Deutsche nach 1945 – die sogenannten Besatzungskinder«, S. 85–102 »Rassismus hier und heute«, S. 127–144 »Aufbruch« (autobiografischer Essay), S. 202–207

»gewitterstille«, »vatersuche«, »überhaupt fast gar nicht«, »berührung« (Gedichte), S. 208–210.

Laura Baum, Katharina Oguntoye, May Opitz (und Dagmar Schultz). »Drei afro-deutsche Frauen im Gespräch« (Gespräch/Interview), S. 145–163

Ayim, May/Prasad, Nivedita in Kooperation mit der FrauenAnstiftung Hamburg (Hg.): *Wege zu Bündnissen* (Eine Kongressdokumentation); Berlin (FU) 1992. Daraus: »Rassismus im Therapiebereich« (Auszüge aus einem Vortrag), S. 56–62.

Hügel, Ika/Lange, Chris/Ayim, May/Bubeck, Ilona/Aktaş, Gülşen/Schultz, Dagmar (Hg.): *Entfernte Verbindungen. Rassismus, Antisemitismus, Klassenunterdrückung*; Berlin (Orlanda Frauenverlag) 1993. Daraus: »entfernte Verbindungen« (Gedicht), S. 15/16.

»Das Jahr 1990. Heimat und Einheit aus afro-deutscher Perspektive« (essayistischer Text, verbunden mit zwei Gedichten: »grenzenlos und unverschämt« und »Afro-deutsch I«), S. 206–219.

»blues in schwarz weiss« (Gedicht), S. 221/222.

Ayim, May: *blues in schwarz weiss* (Gedichte); Berlin (Orlanda Frauenverlag) 1995[1], 1996[2],1996[3].

Ayim, May: *nachtgesang* (Gedichte); Berlin (Orlanda Frauenverlag) 1997.

Ayim, May/Kümmel, Renate/Schultz, Dagmar: *Möglichkeiten und Hindernisse in der Zusammenarbeit und Bündnispolitik von Frauen aus Ost und West in der sozialen*

1 Die Bibliografie wurde 1997 vom Orlanda Frauenverlag erstellt.

Praxis, Forschungsbericht, Alice-Salomon-Fachhochschule für Sozialarbeit und Sozialpädagogik, Berlin 1996.

Ayim, May: *Grenzenlos und unverschämt.* Mit Fotos und einem biografischen Essay von Silke Mertins; Berlin (Orlanda Frauenverlag) 1997.

Beiträge in Büchern

Aufsätze/Essays

»Brief aus Münster«. In: Arbeitsgruppe Frauenkongreß (Hg.): *Sind wir uns denn so fremd? Ausländische und deutsche Frauen im Gespräch*; Berlin (sub rosa Frauenverlag) 1985², S. 211–213.

»Eine der anderen. Rückkehr in mein Dorf«. In: Mönnig, Gabriela *(Hg.): Schwarz Afrika der Frauen. Reise und Kultur;* München (Frauenoffensive) 1989, S. 267–272.

»Eistorte à Ia Hildegard. Für ein kleines Fest oder einfach so«. In: O'Sullivan, Sue (Hg.): *Aus aller Frauen Länder. Gerichte, Gelüste, Geschichten*; Berlin (Orlanda Frauenverlag) 1989, S. 91–93.

»Deutsch-deutsch Vaterland ... Täusch-täusch Vaterlan ... Tausch-täusch Väterli ...«. In: Verlagsinitiative gegen Gewalt und Fremdenhaß (Hg.): *Schweigen ist Schuld. Ein Lesebuch;* Frankfurt/Main, Hamburg 1993, S. 89/90.

»Hanni und Nanni in der Lehranstalt. Die Ausbildung in einem Frauenberuf«. In: Koppen, Claudia (Hg.): *Glück, Alllag und Desaster. Über die Zusammmenarbeit von Frauen;* Berlin (Orlanda Frauenverlag) 1993, S. 161–169.

»Rassismus und Verdrängung im vereinten Deutschland«. In: Kraft, Marion/Ashraf-Khan, Rukhsana Shamim (Hg.): *Schwarze Frauen der Welt. Europa und Migration;* Berlin (Orlanda Frauenverlag) 1994, S. 29–34.

»Weißer Streß und Schwarze Nerven. Streßfaktor Rassismus«. In: Schäfgen, Maria (Hg.): *Streß beiseite! Ein Ratgeber*; Berlin (Orlanda Frauenverlag) 1995, S. 100–119.

»Die afro-deutsche Minderheit«. In: Schmalz-Jacobsen/Hansen (Hg.): *Ethnische Minderheiten in der Bundesrepublik Deutschland. Ein Lexikon;* München (C.H. Beck Verlag) 1995, S. 39–52.

»Mein Vaterland ist Ghana, meine Muttersprache ist Deutsch, die Heimat trage ich in den Schuhen (...)«. In: Initiative für Internationalen Kulturaustausch, IIK e.V (Hg.):*... aus dem Inneren der Sprache. Texte von May Ayim, Bahman Niroumand, Jose F.A. Oliver, Hasan Özdemir, Dadi Sideri;* Hildesheim (Verlag Internationales Kulturwerk) 1995, S. 23–27.

Gedichte

»Afro-deutsch I«. In: Hausberger, Petra (Hg.): *Kreise. Erstes Jahr Deutsch im Kontext;* Boston (Heinle &HeinlePublishers) 1992, S. 485.

»grenzenlos und unverschämt, ein gedicht gegen die deutsche sch-einheit«. In: Bundesleitung der katholischen jungen Gemeinde (Hg.*): Songbuch gegen Rechts;* Düsseldorf (KJG Verlagsgesellschaft) 1993, S. 44.

»grenzenlos und unverschämt, ein gedicht gegen die deutsche sch-einheit«. In: Verlagsinitiative gegen Gewalt und Fremdenhaß (Hg.): *Schweigen ist Schuld. Ein Lesebuch;* Frankfurt/Main, Hamburg 1993, S. 91. (siehe unter Aufsätze und Essays)

»Deutschland im Herbst«. In: Jacobeit, Sigrid und Wolfgang: *Illustrierte Alltags- und Sozialgeschichte Deutschlands 1900–1945;* Münster (Verlag Westfälisches Dampfboot) 1995, S. 358.

»jesus ...«. In: Adler-Sacher, Kurt: *zeitweilig. Jede Woche Zeit für mich* (Gedichte); Stuttgart (Rex-Verlag) 1996, S. 15.

»Afro-deutsch I«, »grenzenlos und unverschämt, ein gedicht gegen die deutsche sch-einheit«, »blues in schwarz weiss«. In: Fuchs, Brigitte/Habinger, Gabriele (Hg.): *Rassismen und Feminismen. Differenzen, Machtverhältnisse und Solidarität zwischen Frauen* (basiert auf einem internationalen Symposium der Universität Wien 1994, durchgeführt von ARGE Wiener Ethnologinnen); Wien (Promedia) 1996, S. 125, 196, 250/251.

Veröffentlichungen in Zeitschriften/Zeitungen

Gedichte

»Am anderen Ende der Revolution«. In: *Onkel Tom's Faust,* 1. Ausgabe; Berlin 1987, S. 26.

»Bild (schwarz-weiß-Monolog)«. In: *Afrekete. Zeitung von afro-deutschen und schwarzen Frauen*; Nr. 2, 3. Quartal; Bremen 1988, S. 26.

»Afro-deutsch: Zwei Gedichte von May Opitz« *(»Afro-deutsch I«, »Afro-deutsch II«),* In: *Die Brücke. Rundbrief des Military Counseling Networks* (zweisprachige Zeitung, deutsch/englisch), Nr. 2, Juni 1989; Sindelfingen 1989, S. 6/7 (siehe unter Berichte/Essays/Interviews/Gespräche).

»gegen leberwurstgrau – für eine bunte republik. TALK-TALK-SHOW für den BLA-BLA-KAMPF«. In: *taz. die tageszeitung,* Fr., 9.11.1990; Berlin 1990, S. 24 (mit Kurzbiografie).

»gegen leberwurstgrau – für eine bunte republik. TALK-TALK-SHOW für den BLA-BLA-KAMPF«. In: *Conference: Exclusion and Tolerance in the Netherlands and the Federal Republic of Germany* (Reader der Kommission: Women's studies in the Netherlands and Northrhine-Westphalia), 17./18. November 1990; Eindhoven (Niederlande) 1990, S. 47–50. (siehe unter Vorträge in schriftlicher Form)

»Freitagnachmittag«. In: ISIVINANE. Journal of letters and arts in Africa and the Diaspora, No. 3, Jan. 1991; Berlin 1991, S. 32.

»grenzenlos und unverschämt, ein gedicht gegen die deutsche sch-einheit«. In: *Krebsforum. Zeitschrift für ganzheitliche Krebstherapie,* Nr. 22, November 1991; Berlin 1991, S. 107.

»blues in schwarz weiss. In: *Querbrief* (hrsg. vom Weltfriedensdienst), Nr. 4/91, Dez. 1991; Berlin 1991, S. 17.

»Bewältigung«. In: Sozialwissenschaftliche Forschung und Praxis für Frauen e.V. (Hg.): *Beiträge zur feministischen Theorie und Praxis. Feministische*

Öffentlichkeit – patriarchale Medienwelt, 14. Jhg., Bd. 30/31; Köln (Eigenverlag der Herausgeberinnen) 1991, S. 200 (siehe unter Berichte/Essays/Rezensionen/ Interviews/Gespräche).

»blues in schwarz weiss«. In: KOFRA e.V. in Kooperation mit der FrauenAnstiftung und dem Frauenreferat der bayerischen Grünen: *»Wenn nicht jetzt – wann dann?« Frauen setzen Zeichen gegen Rassismus/Sexismus/AusländerInnenfeindlichkeit* (Programmheft zur Veranstaltungsreihe), Veranstaltungsreihe von und für Frauen, KOFRA, 8. Mai–16. Juli; München 1992, S. 14/15.

»grenzenlos und unverschämt, ein gedicht gegen die deutsche sch-einheit«. In: *SZ. Saarbrückener Zeitung,* Do., 26.11.1992; Saarbrücken 1992 (mit Kurzbiografie).

»Deutschland im Herbst«, »grenzenlos und unverschämt. ein gedicht gegen die deutsche sch-einheit«, »blues in schwarz weiss«, »bewältigung«. In: *Perspektiven. Die internationale StudentInnenzeitung,* Nr. 14/92; Frankfurt/Main 1992, S. 48 (mit Kurzbiografie).

»grenzenlos und unverschämt, ein gedicht gegen die deutsche sch-einheit«. In: *Junge Welt,* 24.12.1992; Berlin 1992.

»blues in schwarz weiss«. In: *trend. mitteilungen der gew-kreuzberg,* Nr. 1, 1993, (Titelseite).

»Deutschland im Herbst«. In: *Saarländisches Kultur-Journal,* Nr. 1,3. Jhg.; Saarbrücken 1993, S. 25 (Mit Kurzbiografie).

»Deutschland im Herbst«. In: *Umbrüche;* Nr. 5, Januar–März 1993; Berlin 1993, S. 9.

»blues in schwarz weiss«. In: a.a.O. (Rückseite)

»grenzenlos und unverschämt, ein gedicht gegen die deutsche sch-einheit«. In: *afro look. Eine Zeitschrift von Schwarzen Deutschen,* Nr. 9/1993; Berlin 1993, S. 13.

»Deutschland im Herbst«. In: a.a.O., S. 24.

»blues in schwarz weiss«. In: *afro look. Eine Zeitschrift von Schwarzen Deutschen*; Nr. 10/1993; Berlin 1993, S. 23.

»Deutschland im Herbst«, »blues in schwarz weiss«. In: *Beto. Unabhängiges afrikanisches Magazin für Kultur und Entwicklung,* Nr. 12/13; Düsseldorf 1993, S. 60.

»COMMUNITY«. In: *afro look. Eine Zeitschrift von Schwarzen Deutschen*; Nr. 14/1994; Berlin 1994, S. 19.

»Entfernte Verbindungen«. In: AKWAABA – The Pan-European Women's network for intercultural action and exchange (Hg.): *Our family album*; (ohne Ort) 1994, S. 34.

»blues in schwarz weiss«, »blues in black and white«. In: ARGE Wiener Ethnologinnen (Hg.): *Internationales Symposium. Feminismen & Rassismen* (im Reader zum Kongress in deutsch/englisch); Wien 1994, S. 20–22 (mit Kurzbiografie).

»Afro-deutsch I«, »Afro-deutsch II«. In: *Emma,* Nr. 2, März/April 1996; Köln 1996, S. 30/31 (mit Kurzbiografie).

»exotik«, »afrodeutsch I«. In: *Afrika '97 Taschenkalender*, S. 67, 170–171, Rezension S. 212.

»exotik«. In: *Brigitte Kalender* 1998.

Berichte/Essays/Rezensionen/Interviews/Gespräche

»Auf der Suche nach meinem Vater. Aus einem Gespräch zwischen Eleonore Wiedenroth und May Opitz (Ayim)«. In: *Die Brücke. Rundbrief des Military Counseling Networks* (Zweisprachige Zeitung, deutsch/englisch), Nr. 2, Juni 1989; Sindelfingen 1989, S. 7. (auch verzeichnet unter englischer Literatur)

»Wie wir mit dem Erleben von Angst umgehen« (Gespräch zwischen May Ayim und Eleonore Wiedenroth). In: a.a.O.

»Die Fremdheit nimmt ab, die Feindlichkeit nimmt zu«. In: Sozialwissenschaftliche Forschung und Praxis für Frauen e.V. (Hg.): *Beiträge zur feministischen Theorie und Praxis. Feministische Öffentlichkeit – patriarchale Medienwelt,* 14. Jhg., Bd. 30/31; Köln 1991, S. 211–216.

»Die Suche nach der Geschichte schwarzer Deutscher. Ein Gespräch mit fünf schwarzen Deutschen über Rassismus, weiße Antirassisten und den Wunsch, hier zu bleiben/ ›Ich will hier nicht weggehen müssen‹ « In: *taz-Journal: Die Deutschen und die Fremdem,* Frankfurt/Main 1992, S. 95/96.

»Ein Schwarzer als König der Schweiz« (Interview mit May Ayim über die Themen von *Entfernte Verbindungen).* In: *FRAZ – Frauezitig,* Nr. 46, Juni/Juli/August 1993; Zürich 1993, S. 30/31.

»Maryse Conde über ihr Leben – eine eigene Vorstellung« (aus einem Gespräch mit May Ayim am 25.2.1994 in Berlin). In: *Umbrüche,* Nr. 10, Juni/Juli 1994; Berlin 1994, S. 60/61.

»Buchvorstellung: Maryse Conde: *Segu – Die Mauern aus Lehm* und *Wie Spreu im Wind*« (Rezension). In: a.a.O., S. 62–63.

»Maryse Conde über ihr Leben – eine eigene Vorstellung« (aus einem Gespräch mit May Ayim am 25.2.1994 in Berlin). In: *afro look. Eine Zeitschrift von Schwarzen Deutschen,* Nr. 13; Berlin 1994, S. 8–9.

Interviewpartnerin in der WDR-Fernsehsendung *Frauenfragen: Afro-Deutsch* am 11.4.1994.

»Maryse Conde – Die weltweit bekannte Autorin«. In: *Beto. Unabhängiges afrikanisches Magazin für Kultur und Entwicklung,* Nr. 15, 1994/95; Düsseldorf 1995, S. 18–20 (Bericht über das Leben von Maryse Conde und eine Buchvorstellung).

Interview und Lesung in der WDR Fernsehsendung *Literatur im Römer* während der Frankfurter Buchmesse, 12.10.1995.

Talkgast in der WDR Fernsehsendung *b.trifft* von und mit Bettina Böttinger (Aufnahme 5.1.1996, Sendung 19.1.1996, Wiederholungen im WDR am 2.8.1996, in 3SAT am 24.8.1996, in b1 am 14.1.97)

Vorträge und Lesungen auf Veranstaltungen, Kongressen und Konferenzen

Vorträge (in schriftlicher Form vorliegend)

»Rassismus und Verdrängung im vereinigten Deutschland«. In: *Conference: Exclusion and Tolerance. Modern Racism in the Netherlands and the Federal Republic of Germany* (Reader der Kommission: Women's studies in the Netherlands and Northrhine-Westphalia), 16./17.11.1990; Eindhoven (Niederlande) 1990, S. 41–47 (Vortrag in deutscher Sprache).

Ausgewählte Rundfunksendungen:

May Ayim im Gespräch mit Herbert A. Gomick, Deutschlandradio, 12.1.1995

Gespräch mit May Ayim und Dr. Thomas Theo, Deutschlandradio (o.D.)

Sendung zu May Ayim, Neue Essener Welle Magazin, 8.10.1996

Vorträge (in mündlicher Form – Auswahl)

»Rasse – Frauen« (Ankündigung zu einem Vortrag mit Gotlinde Magiriba Lwanga zum Thema). In: *Volksuni* (8. Berliner Volksuni Programmheft), 5.–8.6.1987; Berlin 1987, S. 25.

»Zwischen Ausblendung und Exotismus. Afrodeutsche in Forschung und Alltagskultur« (zus. mit Katharina Oguntoye und Dagmar Schultz), Kolloquium: *Kultur und Ethnizität. Perspektiven der Erforschung von nationalen Identifikationen und Minderheitenproblemen,* April bis Juli 1988, Freie Universität Berlin, 7.6.1988.

»Rassismus hier und heute. Das koloniale Erbe«, überregionale Frauen-Arbeitstagung: *Frauen und Rassismus,* Bremen, 1.–5.11.1989, 2.11.1989.

»Ist der Feminismus weiß? Rassismus und Ethnozentrismus in der Frauenbewegung/Frauenforschung« (zus. mit Dagmar Schultz), Frauenringvorlesung: *Widerspenstig – Eigensinnig. Zur Aufhebung der Leib-Eigenschaft,* Westfälische Wilhelms-Universität, Münster, 7.2.1990.

»Rassismus und Verdrängung im vereinten Deutschland« (zus. mit Ina Röder), Interkulturelle Initiative Schwarzer Frauen für Minoritätenrechte und Studien in Deutschland e.V.: 5. Interkulturelles Sommerinstitut für Schwarze Frauenstudien vom 2.–23.8.1991: *Schwarze Menschen und die Europäische Gemeinschaft,* 5.8.1991.

»Privilegien, Ohn-Macht, Verdrängung. Rassismus in persönlichen und politischen Handlungszusammenhängen«, 6. Offene Frauenhochschule: *Feministische Forschung – Frauenstudien. Konzepte-Kontroversen-Konsequenzen,* 4.–8.11.1991, Gesamthochschule Kassel, 6.11.1991.

»Vaterland – Muttersprache?« Werkstätten, Lesungen und Podiumsdiskussion mit Autorinnen verschiedener nationaler und kultureller Herkunft (May Ayim als Mitveranstalterin). In: LiteraturFrauen e.V. (Programmheft), 12.11.–8.12.1991; Berlin, 1991 (mit Kurzbiografie).

»Afrodeutsche Frauen in Geschichte und Gegenwart – Erfahrungen mit Rassismus und Widerstand«, Vortragsreihe: *Wissenschaft ist Frauensache. Feministische Analysen zu Rechtsradikalismus und Gewalt,* Gesamthochschule Kassel, Mai bis Dezember 1994, 20.10.1994.

»Heimat und Einheit aus afrodeutscher Perspektive«, Veranstaltungsreihe der Frauenbeauftragten von Tempelhof: *Migration und Exil,* Berlin, 25.10.1994.

»Rassismus in der feministischen Diskussion« Frauen-Ringvorlesung *Frauen zwischen Grenzen,* Universität zu Köln, 16.11.1995

Lesungen (Auswahl)

Hamburg, 16.–19.5.1986, Literaturwissenschaftliches Seminar, Universität Hamburg, Tagung: *Frauen-Literatur-Politik,* Lesung von Gedichten und Prosa, 17.5.1986.

Saarbrücken, 25.11.1988, *Literatur und Politik: Farbe bekennen,* Literaturbüro der Landeshauptstadt Saarbrücken, Landeszentrale für Politische Bildung, Buchpräsentation *Farbe Bekennen. Afro-deutsche Frauen auf den Spuren ihrer Geschichte* (zus. mit Helga Emde und Marion Kraft).

Münster, Oktober 1991, *Frauen aller Herren Länder,* Veranstaltung von Vamos e.V., Lesung 11.10.1991.

Berlin, 9.11.1991, Aktionstag gegen Ausländerhaß und Antisemitismus, Lesung auf der Großdemonstration.

Berlin, 21.11.1991, *Education in Transition,* Veranstaltungsreihe im Haus der Kulturen der Welt, Lesung.

Schwabach, 14.5.1992, Volkshochschule, Buchpräsentation *Farbe bekennen.*

Erfurt, 11.9.–3.10.1992, *Viele Kulturen – Eine Zukunft. Interkulturelle Wochen in Erfurt,* Magistrat der Stadt Erfurt, Ausländerbeauftragte, Lesung zu *Farbe bekennen,* 29.9.1992.

Erfurt, 5.11.1992, Brennessel, Lesung.

Cottbus, 23.11.1992, *Berlin-Brandenburgische Buchwochen,* Buchhandlung Handreg, Buchpräsentation von *Entfernte Verbindungen* (mit Ilona Bubeck und Chris Lange)

Kiel, 8.12.1992, Frauenprojektehaus, Buchpräsentation von *Entfernte Verbindungen* (mit Gülşen Aktaş und Chris Lange)

Lübeck, 9.12.1992, Aranat, Buchpräsentation von *Entfernte Verbindungen,* (mit Gülşen Aktaş und Chris Lange)

Frankfurt, 27.1.1993, Literaturhaus Frankfurt, Verlagsinitiative gegen Gewalt und Fremdenhaß: Buchpräsentation und Lesung mit den Autorinnen von *Schweigen ist Schuld.*

Köln, 28.1.1993, Frauenbuchladen Rhiannon, Buchpräsentation von *Entfernte Verbindungen*

Berlin, 12.1.1993, Brechtzentrum, Lesung (siehe unter Sekundärliteratur Deutsch)

Hamburg, 10.2.1993, Frauenbildungszentrum Denkträume, Buchpräsentation *Entfernte Verbindungen* (mit Gülşen Aktaş)

Berlin, 15.2.1993, Frauentreffpunkt Schmiede, Buchpräsentation *Entfernte Verbindungen* (mit Gülşen Aktaş, Ilona Bubeck, Chris Lange)

Stuttgart, 7.3.1993, Gleichstellungsstelle, Buchpräsentation *Entfernte Verbindungen* (mit Chris Lange)

Bochum, 18.3.1993, Frauenbuchladen Amazonas, Buchpräsentation *Entfernte Verbindungen* (mit Ilona Bubeck)

Kassel, 27.3.1993, Frauen-Forum, Buchpräsentation *Entfernte Verbindungen* (mit Gülşen Aktaş)

St. Gallen, 22.–4.1993, Buchhandlung Comedia, Buchpräsentation *Entfernte Verbindungen* (mit Gotlinde Magiriba Lwanga)

Zürich, 23.4.1993, Restaurant Cooperativo, Buchpräsentation *Entfernte Verbindungen* (mit Gotlinde Magiriba Lwanga)

Zürich, 28.3.1993, Paulus Akademie, »Farbe bekennen – sichtbar werden«

Winterthur, 24.4.1993, Restaurant Widder, Buchpräsentation *Entfernte Verbindungen* (mit Gotlinde Magiriba Lwanga)

Oldenburg, 10.5.1993: *Lebensräume,* Veranstaltungsreihe der Initiative für eine offene Kultur (Programm vom 10.3.–10.7.1993): Afrikanische Initiative Oldenburg: Lesung mit May Ayim.

Saarbrücken, Mai 1993, Adolf-Bender-Zentrum: Lesung zu *Entfernte Verbindungen* (siehe unter Sekundärliteratur Deutsch)

Utrecht, 23.5.1993, MEP(Multi-Etnisch-Podium)-festival (21.–23.5.1993): Lesung (Ankündigung mit Kurzbiografie). In: MEP festivalkrant 1993, S. 3. *Zesde internationale MEP-festival* (enthält die Ankündigung zur Lesung mit May Ayim am 23.5.1993). *ln: Stadsblad,* 21.5.1993; Utrecht 1993.

Wuppertal, 4.6.1993, Offene Frauenhochschule Wuppertal: *Grenzerfahrung. Frauen und Rassismus, Ethnozentrismus, Kolonialismus, Sexismus* (Programmheft zum Kongress vom 3.–6.6.1993): *Heimat und Einheit aus afro-deutscher Perspektive.* Texte und Gedichte im Rückblick auf das Jahr 1990.

Bochum, 11.6/12.6.1993, Bochumer Kulturrat e.V. (Programm von April bis Juni 1993): Lesezyklus in zwei Teilen von May Ayim: *Rassismus in der deutschen Geschichte; Lyrik und Lebensgeschichten von Afro-Deutschen: Farbe bekennen* (11.06.); *Entfernte Verbindungen* (12.6).

Berlin, 28.6.1993, St. Annen Kirche, Buchpräsentation *Entfernte Verbindungen* (mit Chris Lange).

Rothenburg/T., 27.9.1993, Arbeitskreis Asyl, Buchpräsentation *Entfernte Verbindungen*

Frankfurter Buchmesse 1993: Galleria, 10.10.1993: Verlagsinitiative gegen Gewalt und Fremdenhaß: Lesung zu *Schweigen ist Schuld* mit Autorinnen und Autoren aus ethnischen und kulturellen Minderheiten in Deutschland.

Berlin, 28.10.1993, Jugendbildungswerk Offenbach, Seminar »Gewalt und Fremdenfeindlichkeit«.

Mainz, 5.11.1993, Trotz-Dem, Werkstatt für Kultur und Bildung e.V.: *Deutschland von innen und außen* (Programmheft für Sept.–Dez.1993): Lesung aus *Entfernte Verbindungen* mit MayAyim und Godinde Magiriba Lwanga (mit Kurzbiografie).

Berlin, 27.1.1994, Alice-Salomon-Fachhochschule: *Das Gleiche ist nicht Dasselbe. Zur Situation von Frauen im geeinten Deutschland* (Tagung und Projektvorstellung): *Verbundene Entfernung.* Gedichte von und mit May Ayim.

Berlin, März–Juni 1994: »Frauenbilder«. In: *GEDOKnachrichten, Gruppe Literatur* (Programmheft mit Kurzbiografie): Lesung mit May Ayim und Katrin de Vries.

München, 10.6.1994, Seidlvilla: Lesung aus *Enfernte Verbindungen.*

Berlin, 13.7.1994, Treffpunkt am Mehringplatz, Buchpräsentation *Entfernte Verbindungen.*

Wien, 29./30.10.1994, *Rassismen und Feminismen.* Internationales Symposium der Universität Wien, ARGE Wiener Ethnologinnen: Lesung aus *Entfernte Verbindungen:* »Das Jahr 1990 – Heimat und Einheit aus Afro-deutscher Perspektive«, 30.10.1994 (Kurzbiografie in deutscher und englischer Sprache).

Hannover, 3.11.1994, Initiative für ein Internationales Kulturzentrum (IIK e.V.), Buchpräsentation ... *aus dem Inneren der Sprache.*

Sigmaringen, Mai 1995, Alter Schlachthof: Lesung zu *Entfernte Verbindungen,* (siehe unter Sekundärliteratur Deutsch)

Frankfurter Buchmesse 1995: *Literatur im Römer,* WDR Fernsehen, 12.10.1995: Lesung aus *blues in schwarz weiss.*

Cottbus, 23.11.1995, Evangelische Buchhandlung Franz Vetter: Lesung aus *blues in schwarz weiss.*

– *Englisch* –

Eigene Bücher und wissenschaftliche Veröffentlichungen (als Autorin oder Herausgeberin)

Opitz (Ayim), May/Oguntoye, Katharina/Schultz, Dagmar (eds.): *Showing Our Colors. Afro-German Women Speak Out;* Boston (The University of Massachusetts Press, Amherst) 1992.

Opitz (Ayim), May/Oguntoye, Katharina/Schultz, Dagmar (eds.): *Showing Our Colours. Afro-German Women Speak Out;* London (Open Letters) 1992. (nicht mehr lieferbar).

Beiträge in Büchern

Aufsätze/Essays

»Departure«. In: Busby, Margaret (ed.): *Daughters of Africa. An international anthology of words and writings by women of african descent from the ancient egyptian to the present,* London (Jonathan Cape) 1992, S. 932–935.

Gedichte

»Afro-German I«, »Afro-German II«. In: Busby, Margaret (ed.): Daughters of Africa. An international anthology of words and writings by women of african descent from the ancient egypt to the present; London (Jonathan Cape) 1992, S. 935–937. (siehe unter Aufsätze/Essays)

»Rhythm and Soul«, »Nightsong«, »The Time Thereafter«, »Afro-German I«, »Borderless and Brazen«, »In Exile« and »HIV Positive«, »Afro-German II«, »Blues in Black and White«. In: SuAndi (ed.): *AKWAABA (Pan European Women's Network for Intercultural Action and Exchange). May Ayim, SuAndi, Jamila, Rose Tuelo Brock* (dreisprachige Gedichte; englisch/deutsch/niederländisch), Pankhurst Press, Manchester 1995, S. 9–45 (mit dreisprachiger Kurzbiografie).

Veröffentlichungen in Zeitschriften/Zeitungen

Gedichte

»Afro-German I«. In: Conditions collective (eds.): *Conditions: fourteen* (international focus II); Baltimore, Maryland 1987, S. 5.

»Afro-German I«, »Afro-German II«. In: *The Black Scholar. Journal of Black Studies and research,* Volume 19, No. 4/5, July/Aug.–Sept./Oct. 1988; Oakland, California 1988, S. 42.

»Afro-German: Two Poems by May Opitz« (»Afro-German I«, »Afro-German II«), In: *The Bridge. Newsletter of the Military Counseling Network* (zweisprachige Zeitung, deutsch/englisch), No. 2, June 1989; Sindelfingen 1989, S. 6 (mit Kurzbiografie), (siehe unter Berichte/Essays/Rezensionen/Interviews/Gespräche)

»Blues in Black and White«. In: *The Minnesota Daily,* 18.5.1994, S. 7. (siehe auch unter Sekundärliteratur Englisch)

Berichte/Essays/Rezensionen/Interviews/Gespräche

»Speak your mind. A talk with May Opitz and John Amoateng ...« In: *AWA-FINNABA. An African literary cultural journal,* No. 9, March 1987; Berlin 1987, S. 52–56.

»Searching for my father. Excerpts from a conversation between Eleonore Wiedenroth and May Opitz (Ayim)«. In: *The Bridge. Newsletter of the Military Counseling Network,* No. 2, June 1989; Sindelfingen 1989, S. 7. (auch unter deutschsprachiger Primärliteratur verzeichnet)

»The Way We Deal With Our Fear« (Gespräch zwischen May Ayim und Eleonore Wiedenroth). In: A.a.O.

»Walking Targets. Afro-German Women Speak Out« (Gespräch mit May Ayim und Eleonore Wiedenroth). In: *Ms. Magazine,* Volume III, No.6; New York 1993, S. 93.

Vorträge und Lesungen auf Veranstaltungen, Kongressen und Konferenzen

Vorträge (in schriftlicher Form vorliegend)

»Transculturalism in education II« (Beitrag zum Thema). In: *Education in transition* (education and education planning for a post-apartheid-society in South Africa). Report of the Berlin conference, 19.–24. Nov. 1991 (Kongressreader); Berlin 1992, S. 197–201.

»My pen is my sword: racism and resistance in Germany« (Zusammenfassung des Vortrags). In: *African Women in Europe. Report of a conference convened by Akina Mama Wa Afrika* (Reader zur Konferenz vom 30./31.10.1992); London 1993, S. 25/26.

Lesungen/Vorträge (in mündlicher Form)

Toronto , 7.–12.7.1992: *CELAFI. CelebratingAfrican Identity. The Third International NCA Conference* (Broschüre und Programmheft): Literary Readings (Ankündigung zu einer Lesung mit May Ayim); Toronto 1992, S. 67–74 (Kurzbiografie S. 68).

London, 21.–27.3.1993: »Bigotry, Racism, Nazism and Fascism in Europe« (Ankündigung zu Vortrag und Lesung). In: *11th International Book Fair of Radical Black and Third World Books*, 21.–27.03.1993 (Broschüre/Programm); London 1993 (mit Kurzbiografie, S. 23)

Utrecht, 21.–23.5.1993, International MEP-festival, Lesung.

London, 28.–31.1.1994, ZABALAZA, *Testaments: Writers at the Crossroads,* Lesung »Writings from the edge; Writings from inside«

Minneapolis, Minn., 10.5.1994; University of Minnesota, Leighton Hall: 1993–1994 *Light Lectureship for Literature* presented by the German and Russian Department, Vortrag »Racism and Resistance in United Germany«.

Minneapolis, Minn., 13.5.1994: University of Minnesota, Center of European Studies, *Xenophobia in Germany: National and Cultural Identities After Unification,* **11.–14.5.1994:** »Racism and Resitance in United Germany« (Ankündigung zu einem Vortrag im Kongressprogramm). Weitere Vorträge in Carleton College, Northfield, Minn.; Earlham College, Richmond, Ind.; an Schulen in Chicago, Illinois.

Brüssel, 30.7.1994: AKWAABA (Pan European Women's Network for Intercultural Action and Exchange). Round table programme (der Tagung vom 29./30.7.): »Poetry Performance« (May Ayim mit anderen).

Accra (Ghana), 9.–18.12.1994: *2nd Pan-African Historical Theatre Festival* (PANAFEST 94); Cape Coast/Accra, Ghana 1994: Colloquium (Urkunde für Teilnahme).

Johannesburg, *Mega Music Festival,* 10.–21.4.1995. Lesung; Vorträge an Schulen in Johannesburg und an der University of Transkei, Umtata.

Veröffentlichungen/Übersetzungen in anderen Sprachen

»Sem fronteiras e orgulhosa. um poema contra a pretensa unidade da alemanha«. In: *Sim davida. Boletim Especial Do CEAP*, 10/93; Rio de Janeiro 1993.

Sekundärliteratur

– Deutsch –

»Nicht weiß und nicht schwarz. Afrodeutsche Frauen erzählen ihre Geschichte/Farbe bekennen – ein Beitrag zur Auseinandersetzung um Geschichtsverdrängung und alltäglichen Rassismus hier und heute«. In: *taz. die tageszeitung,* 28.06.1986; Berlin 1986, S. 10. (zu *Farbe bekennen*).

»May Ayim las im Brecht-Haus. Der Mensch ist der Menschin Wolf«. In: *Der Tagesspiegel,* 14.01.1993; Berlin 1993.

»Schweigen ist schuld. Buchpremiere für ein Lesebuch gegen Ausländerfeindlichkeit. ›Deutsch-deutsch Vaterland ...‹«. In: *Neues Deutschland,* 5.02.1993; Berlin 1993.

»Die bitteren Erfahrungen mit dem Ausgegrenztsein. May Ayim stellt im Adolf-Bender-Zentrum Buch vor«. In: *SZ. Saarbrückener Zeitung,* 17.05.1993, Nr. 114; Saarbrücken 1993, S. L5.

»Ein Schwarzer als König der Schweiz« (Beitrag im Kasten). In: *FRAZ - Frauezitig,* Nr. 46, Juni/Juli/August 1993; Zürich 1993, S. 30 (Rezension zu *Entfernte Verbindungen).* (siehe unter Berichte/Essays/Rezensionen/Interviews/Gespräche)

»Blues in schwarz weiss. Zwei Autorinnen zum ›alltäglichen Rassismus‹« In: *MRZ,* 10.11.1993; Mainz 1993.

»Oft hilft es schon, über die Diskriminierung zu sprechen. Jacaranda: Frauenselbsthilfe gegen die Verletzung der Menschenwürde« (Erwähnung von May Ayims Forschungsschwerpunkten). In: *taz. die tageszeitung,* 18.03.1994; Berlin 1994, S. 24.

»In den Ateliers im alten Schlachthof fesselnde Lesung zum Thema ›Heimat‹. ›Farbe bekennen‹ ist die Devise der afro-deutschen Autorin May Ayim«. In: *Schwäbische Zeitung,* 29.05.1995; Sigmaringen 1995.

»May Ayim. Blues in schwarz weiss«. In: *Die Anmaßung,* Heft 6/95; Bonn 1995 (Rezension zu *blues in schwarz weiss).*

»Poesie schwarz weiss. Lustvoll gereimt«. In: *Schnüss,* Bonner Stadtmagazin, Heft 9/95; Bonn 1995 (Rezension zu *blues in schwarz weiss).*

Kron, Stefanie: Fürchte dich nicht, Bleichgesicht! Perspektivenwechsel – Zur Literatur afro-deutscherFrauen; Münster (Unrast) 1996.

»Sankofa. ›nachtgesang‹, Gedichte aus dem Nachlaß von May Ayim« (Rezension von Kader Konuk). In: *Stadtrevue, Kölner Stadtillustrierte,* Nr. 7/97; Köln 1997, S. 144.

»May Ayim. abschied« (Abdruck des Gedichtes aus *nachtgesang).* In: *Der Tagesspiegel,* 13.04.1997; Berlin 1997.

Margrit Klingler-Clavijo: »May Ayim«. In: *Listen* Nr. 46, 1997, S. 5.

May Ayim. Gedichte. In: *Metronome* (Berlin), Nr. 2,1997.

– *Englisch* –

Zu *Showing Our Colo(u)rs*

»Showing Our Colors: Afro-German Women Speak Out«. In: *The Black Scholar,* Volume 22, No. 3; Oakland, California (ohne Jahr), S. 83/84.

»Showing Our Colors: Afro-German Women Speak Out«. In: *WLW Journal* 15:3, Herbst 1992; USA (ohne Ort)

»Showing Our Colours: Afro-German Women Speak Out«. In: *Wasafiri. Focus on writing in Britain,* No. 17, Frühjahr 1993; London 1993, S. 67/68.

»Showing Our Colours: Afro-German Women Speak Out«. In: *African Woman. Bi-annual Development Journal,* Issue7, June-Nov. 1993; (ohne Ort) S. 52/53.

»On the Edge of the Margin. Showing Our Colors: Afro-German Women Speak Out«. In: *The Women's Review of Books,* Volume X, No. 2, Nov. 1992; (ohne Ort) 1992, S. 6/7.

Zu anderen Themen

»A Question of Unity. May Ayim searches for recognition in a reunified Germany« (von Michael Sampson). In: *The Carletonian,* 13.05.1994; Minneapolis, Minnesota 1994, S. 5/6.

»Author: African-Germans subject to neo-Nazis' wrath«. In: *The Minnesota Daily,* 17.05.1994; Minnesota 1994, S. 3/5.

Nachrufe

»Abschied von May Ayim« (erweiterter Nachruf des Orlanda-Frauenverlags). In: *Wir Frauen. Das feministische Blatt,* 3/96; Düsseldorf 1996, S. 16.

»Die Angst zerrissen zu werden« (Nachruf von Bettina Böttinger). In: *Kölner Stadt-Anzeiger,* Nr. 212, 11.09.1996; Köln 1996, S. 11.

»With Love, In Memory and In Honour of May Ayim« (Nachruf von Kader Konuk und Nancy Jancovich). In: *Journal of Gender Studies,* Vol. 6, No. 1,1997, S. 71–72.

»Gedenken an Muy Ayim ab heute in Berlin«. In: MZ. Münsterische Zeituag, Nr. 198, 24.08.L996; Münster 1996.

»Außergewöhnliche Stimme. May Ayim, eine große Dichterin ist tot« (Nachruf von Dagmar Schultz). In: *Neues Deutschland,* 23.08.1996; Berlin 1996.

»Sie hat die Menschen tief berührt. Ein Sprachrohr: Gedenkfeier zum Tod der Autorin May Ayim« (von Abini Zöllner). In: *Berliner Zeitung,* 24./25.08.1996; Berlin 1996.

»End-scheidung. Am 9. August starb May Ayim durch Freitod. Ein Nachruf« (von Nicola Lauré-al Samarai). In: *Freitag,* Nr. 35, 23.08.1996; Berlin 1996 (mit Kurzbiografie).

»blues in schwarz weiss« (Porträt May Ayims von Ute Scheub). In: *taz. die tageszeitung*, 24./25.08.1996; Berlin 1996, S. 12.

»May Opitz war stolz auf. ihre literarische Kämpfernatur«. In: *Berliner Morgenpost*, 21.08.1996; Berlin 1996, S. 18.

»Adieu, May Ayim«. In: *Emma*, Nov./Dez. 1996; Köln 1996, S. 11.

»Blues in schwarz weiss. Ein Gedichtband von May Ayim, einer der Gründerinnen der ›Initiative Schwarzer Deutscher‹« (von Gerlinde Volland). In: *Stadtrevue. Kölner Stadtillustrierte*, 21. Jhg., Nr. 11/96; Köln 1996, S. 141.

»May Ayim« (Nachruf der LiteraturFrauen e.V.). In: *LiteraturBrief24*, Sept. 1996; Berlin 1996.

Nachdruck des Nachrufs des Orlanda-Frauenverlags/»Heimat und Einheit aus afrodeutscher Perspektive« (gekürzte Fassung des gleichlautenden Kapitels aus Entfernte Verbindungen), In: *blattGold. Der monatliche Überblick für Frauen*, Sept. 1996; Berlin 1996, S. 5-8.

Nachdruck des Nachrufs des Orlanda Frauenverlags. In: *Blau*, Nr. 16, Winter 96/97; Berlin 1996, S. 44/45.

Nachdruck des Nachrufs des Orlanda-Frauenverlags. In: *Frauenzeitung*, Nr. 15, 5. Jhg., Winter 1996/97; München 1996, S. 29/30

»Long painful search for identity« (Nachruf von Ursula Troche). In: *The African*, October/November 1996; London/Amsterdam 1996, S. 19.

»Wir trauern um May Ayim« (Nachruf von Sirin Turhan) In: *Yazinca. Kültür Dergisi/ Zeitschrift für Kultur*, Nr. 15, 1996, S. 32. Gedicht »nachwort« S. 33.

»MayAyim 1960-1996 Obituary« (Ursula Troche) In: *Sister Links*, No. 2 (Nov. 1996), S. 8-9.

»Abschied von May Ayim« (Dagmar Schultz) In: *Beiträge zur feministischen Theorie und Praxis*, 20. Jhg., Nr. 45, 1997, S. 115-118.

»May Ayim – Dichterin, Forscherin, Aktivistin. Ein persönliches Abschiedsschreiben« (Dagmar Schultz) In: *Literatur der Migration*, hg. Nasrin Amir Sedghi, Mainz: verlag donata kinzelbach, 1997.

Videofilm über May Ayim:

»Hoffnung im Herz. Mündliche Poesie – May Ayim« von Maria Binder (28 Min.) 1997, verfügbar als Video on Demand bei Vimeo (mit englischen und portugiesisch-brasilianischen Untertiteln) https://vimeo.com/ondemand/mayayim

May Ayim Archiv

May Ayim Archiv am Archiv der Bibliothek der Freien Universität Berlin https://archiv.fu-berlin.de/home/#/content/70be7685f955423f9d6548c35d27a4f4

Ika Hügel-Marshall, Nivedita Prasad & Dagmar Schultz (Hg.)

May Ayim.

Radikale Dichterin, sanfte Rebellin

304 Seiten | durchgängig farbig illustriert
19.80 Euro | ISBN 978-3-89771-094-8

So abwechslungs- und facettenreich sich das kurze Leben dieser wunderbaren Lyrikerin, Aktivistin und Suchenden gestaltete, so unterschiedlich und vielseitig waren auch ihre Kontakte. May Ayim wird heute mehr denn je als Repräsentantin und als Identifikationsfigur der afrodeutschen Community angesehen.

Die Vielfältigkeit ihres Schaffens und Wirkens wird in diesem Buch auf zweierlei Weise deutlich: Zum einen enthält es unveröffentlichte Gedichte und Texte der Autorin sowie Interviews mit ihr, die nach wie vor eindringlich und hochaktuell sind. Zum anderen zeichnen Beiträge von Familienmitgliedern aus Ghana, USA und Deutschland sowie Erinnerungen und Reflexionen von Freund*innen, Kolleg*innen, Schriftsteller*innen und Mitstreiter*innen aus aller Welt ein faszinierendes Bild ihrer vielschichtigen Persönlichkeit.

UNRAST Verlag | www.unrast-verlag.de | kontakt@unrast-verlag.de UNRAST